KB138247

조금 불편한 _____ 용서

Verzeihen

Vom Umgang mit Schuld
© 2016 by Svenja Flaßpöhler

Korean Translation Copyright © 2020 by Thoughts of a Tree Publishing Co.
Korean edition is published by arrangement with Literarische Agentur Michael Gaeb, Berlin through BC Agency, Seoul.

조금 불편한 ——— 용서

스베냐 플라스푈러 지음   장혜경 옮김

🌱 나무생각

나의 어머니를 위하여 ―――――

뒤를 바라보다

겉보기에는 변한 것이 없다. 갈색과 흰색 무늬가 섞인 방수포를 덮은 식탁, 다섯 개의 의자, 노란 페인트를 칠한 벽, 싱크대 위에 붙은 보라색 주먹 그림 스티커….

나는 부엌에 서서 가만히 귀를 기울인다. 여동생들은 위층으로 올라갔고 새아버지는 서재로 들어갔다. 들리는 소리라고는 옷 방에서 옷을 다리느라 달그락대는 다리미 소리뿐이다. 엄마의 가방은 벌써 차에 실었고 다른 짐들은 한참 전에 이사 갈 집으로 부쳤다. 빠진 것은 엄마뿐이다. 코앞으로 닥친 작별에는 의식도, 정해진 규칙도, 대본도 없어서 엄마는 그렇게 나를 스쳐 지나간다. 한마디 말도 없이.

한 줄기 바람이 불고, 익숙한 냄새에 이끌려 나는 부엌을 가로지른다. 그리고 정원으로 발을 내딛고서, 동선을 줄이느라 잔디를 밟으며 걸어가는 엄마를 바라본다. 그러나 엄마를 따라가지는 않는다. 그저 처마 밑에 서서 저 멀리서 엄마가 차에 오르는 모습을 바라볼 뿐이다. 파란색 닷선Datsun, 이상하게도 나는 그 자동차 브랜드가 지금까지도 기억난다. 시동이 걸리고 정원 문이 열린다. 거리는 텅 비어 있다. 엄마의 시선이 잠깐 백미러로 향하는가 싶더니 곧 차가 출발한다.

○ ● ○

엄마가 떠났을 때 나는 열네 살이었다. 엄마가 우리를 떠난 이유였던 그 남자는 얼마 후 엄마의 세 번째 남편이 되었다. 우리 자식들은 결혼식에 초대받지 못했다. 초반에는 엄마가 우리를 보러 왔지만 엄마의 방문은 번번이 싸움으로 끝이 났고(엄마가 검지로 먼지 쌓인 부엌 등을 가리키고, 새아버지에게 되는 대로 산다고 비난을 하기도 했다.), 그것도 얼마 못 가 중단되었다.

가끔씩 나는 엄마를 찾아가 엄마의 새 삶을 지켜보았

다. 집, 남편, 아기, 곧이어 또 생긴 아기. 훗날, 아주 먼 훗날, 베를린에서 살던 시절 나는 짧은 소설 한 편을 썼다. 나보다 여섯 살 어린 여동생(이부동생)과 내가 밤에 엄마의 새 집에 몰래 들어가는 내용이었다. 소설 초반의 분위기는 나와 여동생이 온 가족을, 적어도 엄마만이라도 죽일 것처럼 굴었다. 하지만 마지막엔 우리 둘이 서까래에 목을 매고 끝난다.

나는 한 번도 무례하게 엄마를 힐난한 적이 없었고, 대놓고 증오한 적도 없었다. 하지만 엄마를 향한 나의 무력감에서 탄생한 소망, 언젠가 엄마가 벌을 받으면 좋겠다는 소망, 내가 아니더라도 적어도 신이 그녀에게 복수해주면 좋겠다는 소망은 늘 내 마음 깊은 곳에 자리하고 있었다.

몇 년씩 얼굴 한 번 못 보거나 말 한마디 못 나눈 적도 있었다. 만났다 해도 가족 모임에서 뜻하지 않게 얼굴을 보는 정도였다. 하지만 엄마에게서 우리를 떠난 이유, 하다못해 참회의 말 한마디만이라도 듣고 싶다는 은밀한 소망은 고향 도시 뮌스터에서 대학을 다닐 때까지도 늘 가슴에 남아 있었다. 나는 대학을 졸업하자 뒤도 안 돌아보고 뮌스터를 떠났다.

베를린에 와서야 겨우 엄마만이 줄 수 있다고 믿었던 구원의 희망을 놓을 수 있었다. 더 이상 엄마에게 집착하지 않았다. 대신 5년 동안 일주일에 세 번 자전거를 타고 베를린 시내를 가로질러 미세스 F를 찾아갔다. 그녀의 가죽 소파에 누워 오랜 시간 상담을 받으면서 그때까지 내 세상의 일부였던 회색 장막이 걷혔다. 혼자 도시를 휘저으며 자기 파괴를 일삼던 밤들도 차츰 줄었다. 정신 상담을 막 시작했을 무렵 남편을 만났다. 그리고 정신 상담이 끝났을 때 내 배 속에는 새로운 생명이 자라고 있었다.

엄마가 나의 임신 소식을 어떻게 알았는지는 모르겠다. 엄마의 엄마, 외할머니한테서 들었거나 나한테 직접 들었을 수도 있다. 분명한 것은 태동이 심할수록 엄마에게 알리고픈 나의 바람도 커졌다는 것이다. 그 작은 나비의 날갯짓을, 시간이 더 흐른 후에는 그 또렷한 발길질을, 나를 임신했을 때의 '엄마' 역시 느꼈다. 나는 엄마와 전화를 주고받았다. 그리고 딸이 태어났다.

며칠, 몇 주가 흘렀다. 엄마는 오지 않았다. 그리고 몇 달이 흘렀다. 엄마는 여전히 오지 않았다. 언젠가부터 우리는 전화도 하지 않았다.

엄마가 손녀를 처음 본 건 딸아이가 태어난 지 1년쯤

되었을 무렵이다. 할아버지의 장례식에서였다. 유모차를 흘깃 한 번 쳐다본 것, 그것이 전부였다.

그러나 엄마의 부재는 겉모습일 뿐이었다. 자식의 출산만큼이나 한 인간을 그렇게 돌이킬 수 없도록 자신의 기원으로 내던지는 사건은 거의 없기 때문이다. 나 자신이 엄마가 되자 내가 오래전에 유리병에 가두어버렸다고 믿었던 내 안의 '엄마'가 유령처럼 느껴졌다. 딸에게 말을 할 때면 내 안에서 '그녀'의 목소리가 울렸다. 딸의 기저귀를 갈 때면 내 팔에 붙은 '그녀'의 손을 보았다. 어찌할 길 없는 이 갑작스러운 동일시는 내 안에서 당황스러운 질문을 일깨웠다.

나는 과연 내 과거를 떨쳐낼 수 있을까? 그런 해방이 정말 가능할까? 가능하다면 어느 정도까지? 나는 정말로 엄마와 작별을 고할 수 있을까? 내 출생을 무거운 모래주머니처럼 벗어버릴 수 있을까? 어떻게 해야 나의 고통을 내 아이에게 떠넘기지 않을 수 있을까?

그렇다. 결단코 떠올리고 싶지 않은 생각이다. 그런 생각이 들 때마다 소스라치게 놀라며 고개를 저어 떨쳐낸다. 결코 같은 실수를 반복하지 않으리라는 나의 절대적인 소망에도 불구하고, 아니 어쩌면 바로 그 소망 때문에 내가 어느 날 엄마와 비슷하게 행동할 수도 있지 않을까?

이런 불안은 근거가 없지 않다. 어쨌든 개인적인 이력을 보아도, 역사의 거대한 흐름을 보아도, 고통스러운 경험들이 얼마나 끈질길 수 있는지는 곳곳에서 드러난다. 그 고통은 복수의 형태로, 모호한 죄책감이나 우울증의 형태로 일생 동안 계속되고, 그리고 후손의 몸에 새겨진다. 그렇다. 가끔씩은 심지어 세대를 거듭할수록 점점 더 커지는 빚더미처럼 고통이 차곡차곡 쌓이는 느낌이다.

4년이 흘렀다. 그 세월 동안 나는 자신의 엄마와 함께 놀이터를 찾은 다른 엄마들을 보았다. 반짝이는 눈으로 손자를 바라보고, 혹여 손자가 미끄럼틀을 타다가 다칠까 봐 눈을 부릅뜨고 지켜보는 할머니들, 손자의 신발 끈을 묶어주는 수많은 할머니들을 보았다. 그 세월 동안 나는 뭔가 잘못되었다는 느낌에서 빠져나올 수 없었고, 계보로부터, 나를 만든 존재로부터 빠져나오기란 불가능하다는 것을 깨달았다.

2012년 여름, 엄마는 그사이 세 번째 남편과도 헤어졌다. 나는 엄마와 다시 연락을 주고받았다. 지금 와서 생각하면 어쩌다 우연히 그렇게 되었던 것 같다. 일 때문에 엄마 집 근처에 볼일이 생겨서 내가 이메일을 보냈다. 만날 수 있을까 하고.

약속한 날 나는 퀼른 돔에서 멀지 않은 한 주차장에서 엄마를 기다렸다. 저 멀리서 엄마가 차에서 내리는 모습을 본 순간 심장이 미칠 듯 뛰기 시작했다. 엄마가 나를 향해 걸어오다가 갑자기 휙 돌아섰다. 주차 기계에 돈 넣는 것을 잊었던 것이다. 그 순간 나는 마음속으로 그녀의 행동을 용서했다. 그녀가 먼저 나를 향해 달려와 안아주지 않은 것은 악의가 있어서도, 생각이 없어서도 아니며, 그녀의 다른 의무감, 내가 너무나도 잘 아는 그 자신에 대한 의무감 때문이었노라고. 영수증이 자동차 앞 유리와 와이퍼 사이에 끼워질 때까지 몇 분이 흘렀고, 그동안 나는 어찌할 바를 몰랐다.

그날 이후로도 나는 엄마를 자주 보지 못했다. 하지만 엄마를 만날 때면 내 눈앞에 선 60대의 여인을 보며 나의 엄마임을 의심하지 않는다. 그녀의 얼굴과 입술과 손을 보면 나와 많이 닮았다. 우리는 만나도 절대 옛날 일을 입에 올리지 않는다. 대신 우리의 일과 정치와 세상 돌아가는 이야기를 한다. 엄마는 말이 잘 통하는 대화 상대다. 엄마는 늘 그랬다. 엄마와 이야기를 하고 있으면 시간 가는 줄 모른다.

○ ● ○

여동생은 나에게 왜 엄마가 보고 싶은지 자주 묻는다. 그러면 나는 엄마가 언젠가 돌아가시기 때문이라고 대답한다. 그리고 엄마가 우리 엄마이고, 엄마가 돌아가신 후 엄마와 함께 더 많은 시간을 보내지 못했음을 자책하고 싶지 않아서라고 대답한다.

"아직도 엄마한테 뭘 기대해?"

여동생이 묻고 나는 다시 대답한다.

"아니. 엄마는 더 이상 내게 상처를 줄 수 없어. 나는 아무것도 기대하지 않아. 설명도, 사과도."

"그럼 엄마를 용서했어?"

여동생은 그 질문을 별 뜻 없이 지나가는 투로 내뱉으려고 노력한다.

무엇이라 말해야 할지 모르겠다.

용서… 거창한 말이다.

차례

1 ── 용서는 이해한다는 뜻일까

2 ── 용서는 사랑한다는 뜻일까

3 —— 용서는 망각한다는 뜻일까

서론

용서할 수 없는 것을
용서한다는 것

이 책은 용서의 의미를 이해하고 끝까지 추적해보려는 시도에서 출발한다. 용서하는 행위는 정의롭지도, 경제적이지도, 논리적이지도 않다. 용서는 말 그대로 하자면 복수와 보상의 포기다. 용서하는 사람은 마땅히 받아야 하는 것을 요구하지 않는다. 단념하고, 중지하며, 꾸짖기(가리키고 알리기)를 멈춘다.[1] 상처를 가리키는 손이, 타인을 향한 책망이 용서와 더불어 끝난다.

그렇기에 용서는 우리의 삶을 근본적으로 결정하는 법의 저 너머에서 이루어진다. 죄를 지은 자는 죄 값을 치러야 한다고 주장하는 법의 저 너머에서. 죄가 클수록 죄 값도 크다. 그런데 도덕적인 죄의 문제는 법적인 처벌이

나 경제적 배상과 같은 방식으로 죄 값을 치를 수 없다는 데 있다. 그 죄가 무거울 경우 죄 값을 갚을 길은 더 요원하다. 마치 죄가 그의 몸에 딱 달라붙은 것처럼 평생을 함께한다.

가톨릭은 이런 문제를 해결하기 위해 고해성사 의식을 만들었다. 면죄를 통해 죄인이 죄로부터 풀려나는 것이다. 하지만 사제가 고해소를 찾은 죄인에게 하듯 상대를 간단히 사면할 수 없다면 과연 어떤 방식으로 서로의 죄를 덜어줄 수 있을까? 인간은 마법사처럼 순식간에 죄를 없앨 수 없다. 그저 죄에 대해 '행동할' 수 있을 뿐이다. 용서의 개념은 이런 한계를 계산에 넣는다. 다시 말해 죄인의 죄는 계속 남는다. 다만 죄의 청산이 포기될 뿐이다.

용서는 포기일까, 선물일까

포기와 무위, 단념, 이런 수동적 차원은 용서의 본질이다. 이 관점에서의 용서는 종교적 의미의 '죄 사함'과 애당초 대립된다. 대부분 두 단어를 동의어로 사용하지만(특히 프랑스어와 영어에서는 '용서'와 '사면'의 개념이 같다.) 둘의 차이를 이해하는 것이 유익할 것이다.

'용서'의 본질적인 요소는 포기가 아니라 증여다. 이

증여의 요소는 프랑스어 'par*don*'과 영어 'for*give*'에도 들어 있다. 프랑스 철학자 폴 리쾨르Paul Ricœur는 용서의 행위에 계산적인 교환과 구분되는 요소가 들어 있다고 말한다. 용서를 하는 사람은 정확히 따져 계산한 보상을 노리지 않기 때문이다.

도리어 용서는 선물이다. 베푸는 사람의 입장에서는 관용의 미덕에, 받은 사람의 입장에서는 겸양의 미덕에 의지하는 행위가 용서다. 비범하고 장엄하며, 거의 신적이라 부를 만한 행위를 통해 가해자와 피해자가 서로 만난다. 여성 신학자 베아테 바인가르트Beate Weingardt는 이 행위를 진정으로 '창조적인 일'이라 말한다. 용서라는 말에 담긴 '포기의 부정성'이 '선물의 긍정성'으로 바뀌는 것이다. 바인가르트는 용서의 "도덕적 무게가 더 무거운" 결정적인 이유도 바로 여기에 있다고 말한다.[2]

실제로 '용서'라는 말은 '죄 사함'과 달리 매우 일상적으로 들린다. 따지고 보면 우리는 실존적 상황만이 아니라 온갖 상황에(지각을 했거나 상대의 마음을 살짝 상하게 한 경우에도) 용서를 구한다. 그러나 죄 사함은 어떤가? 어떤 이가 다른 이에게 "저의 죄를 사하여 주십시오."라고 한다면? 그 말과 동시에 우리는 자동적으로 상대에게 신의 권력을 부여하는 것이 아닐까?

그러나 세속적이고 상투적으로 사용된다고 해서 반드시 용서의 도덕적 가치가 더 낮은 것은 아니다. 오히려 그 반대다. 용서는 타인에게 구하지만 죄 사함은 성직자나 신에게 청한다. 그러므로 용서의 개념을 철학적으로 중요하지 않다고 내던져버릴 것이 아니라 그 개념의 상투적인 사용을 막아야 할 것이다. 그리고 증여뿐 아니라 포기 역시도 얼마나 초월적인 몸짓인지를 밝혀내야 한다.

실제로 용서하는 사람의 비범한 능력은 충동, 흥분, 감정의 자동 작용을 억제하는 데 있다. 용서하는 사람은 복수의 갈망이나 씁쓸한 보상의 욕구에 지지 않고 자제를 한다. 자신이 겪은 고통을 정확히 계산하여 되갚아주겠다는 마음의 포기가 바로 그의 선물이다.

바로 이 지점에서 용서와 죄 사함의 개념이 서로 맞닿는다. 포기의 비행위가 증여의 행위로 전환되기 때문이다. 죄 사함 역시 포기와 완벽하게 분리될 수 없다. 흔히 말하는 '면죄(Ab-Lass; 내려놓음, 포기함)'의 스펠링을 봐도 분리될 수 없는 이 둘의 관계를 잘 보여준다.

문화철학자 토마스 마호Thomas Macho는 말한다.

"근대까지도 사람들은 죄 사함을 면죄라고 생각했다.

다시 말해 엄하면서도 정의로운 신의 속성이라 할 수 있는 수동성의 덕목이라고 여겼다. 신은 악행의 추적을 중단함으로써 그 죄를 사한다."³

따라서 용서와 죄 사함을 독단적으로 구분하는 것은 잘못일 것이다. 다른 언어에서는 용서와 죄 사함의 구분이 없다는 것도 풀기 힘든 번역의 난제다. 또 한나 아렌트 Hannah Arendt가 주로 '죄 사함'이라는 말을 사용하기 때문에 나도 한나 아렌트를 인용할 때마다 그 말을 사용하게 될 것이다. 하지만 이 책의 핵심 키워드를 '용서'로 선택한 것은 앞에서도 언급한 세속성 때문이다. 내가 주목하는 것은 사람 사이에 이루어지는 용서의 과정이다. 이는 뒤에서도 살펴볼 테지만 초월적인 것, 초인적인 것 안으로 걸어 들어가는 명백히 현실적인 사면 행위이기 때문이다.

용서할 수 없는 것만이 용서를 요청한다

우리는 매일 큰 고민 없이 일상적으로 용서를 한다. 예의 바른 사람은 전철에서 실수로 다른 사람을 툭 치거나 발을 밟아도 "죄송합니다." 하고 말한다. 이렇듯 용서를 구하는 사람의 죄는 근본적으로 용서할 것이 전혀 없을 정도로 극히 미미하다. 문제가 되는 용서, 여기서 중심이 되는 진정한 용서는 큰 죄, 가장 큰 죄에만 해당된다. 그래서 프랑스 철학자 자크 데리다 Jacques Derrida 는 말한다.

"그러니까 제 생각으로는 그렇습니다. 용서할 수 없는 것이 있다는 사실에서 출발해야 합니다. 사실상 그것이야말로 용서해야 하는 유일한 것이 아닙니까? 그것이야말로 용서를 요청해야 하는 유일한 것이 아닙니까?"[4]

용서의 문제를 진지하고 심오하게 제기하자면 그 죄가 합리적으로 볼 때 도저히 용서할 수 없을 만큼 무거워야 한다. 용서할 수 없는 것을 용서하는 것만이 용서다. 물론 데리다의 이 명언을 현실과 동떨어진 의미 없는 상상의 산물로 치부해버릴 수도 있다. 용서가 불가능한 것을 어떻게 용서한단 말인가? 초인적이라 부를 만한 용서가 가능하단 말인가? 여기서 다시 은근슬쩍 신성한 요구가 고개를 내미는 것은 아닌가?

그러므로 데리다가 이 의미심장한 문장으로 무슨 말을 하려 했는지 조금 더 자세히 살펴보기로 하자. 용서할 수 '없는' 것을 용서하는 것만이 용서다. 용서할 수 있는 것은 침묵한다. 용서받을 필요가 없기 때문이다. 가해자의 동기를 이해하고 자신이 그 입장이어도 똑같이 행동했을 것이라고 확신할 때 하는 용서는 용서가 아니라고 데리다는 말한다. 어떤 행위를 합리적으로 이해하는 순간부터 그 행위는 용서의 대상이 아니라 화해의 대상이기 때문이다. 데리다의 말을 직접 들어보자.

"피해자가 가해자를 '이해하는' 순간부터, 그가 가해자와 조건을 교환하고, 말하고, 뜻이 통하는 순간부터 화해가 시작되고, 그것과 더불어 진정한 용서가 아닌 일반적인 용서가 시작됩니다."[5]

화해는 상호 이해라는 조건과 결합된다. 그러나 진정한 의미의 용서는 무조건적이며, 따라서 모든 합리성, 모든 이해 가능성의 저 너머에서 일어난다. 무조건적 용서는 이성을 거역한다. 최악의 범죄마저 용서하며 더불어 피해자의 참회조차 요구하지 않기 때문이다.

따라서 용서는 사법적 정의와 전혀 관련이 없으며, 근본적으로 도덕과도 관련이 없다. 하지만 어떤 행위를, 설사 비인간적인 행위조차도 그냥 묵과하는 것이야말로 가장 비인간적인 것이 아닐까? 홀로코스트의 생존자들이 초인적인 아량을 베풀어 "우리는 너희를 용서한다."라고 말했더라도 독일인들은 여전히 나치 범죄의 책임과 그런 범죄를 되풀이하지 않을 책임을 져야 하는 게 아닐까?

악을 용서한다는 것일까

이 같은 고민은 여성 철학자 한나 아렌트가 특정 범죄들을 용서의 가능성에서 배제시킨 계기다.

"'그들은 자기가 무슨 짓을 저지르는지 모르기 때문이다.'라는 통찰은 분명 서로를 용서해야 하는 근거를 마련한다. 하지만 바로 그렇기 때문에 용서의 의무 역시도 그 사람이 미리 알았던 악에는 적용되지 않으며, 그 악을 저지른 범죄자와도 관련이 없다."[6]

데리다에게는 용서할 수 없는 것만이 용서의 대상이지만 한나 아렌트는 정반대의 결론을 도출한다. 제아무리 간청하더라도 용서할 수 없는 것은 용서되지 않는다. 그럼으로써 아렌트의 용서 개념은 명확하게 합리성의 경계 안에 머무른다. 이 경계를 넘어가는 것은 용서할 수 없는 것이다.

프랑스 철학자 블라디미르 얀켈레비치Vladlmir Jankélévitch 역시 에세이 《용서한다고?Verzeihen?》에서 아렌트와 비슷한 논리를 전개한다. 홀로코스트와 관련된 독일인들의 죄는 결코 시효가 소멸되지 않고 영원히 지속되며, 절대 상처를 아물게 하지 못한 시간을 지나 가시처럼 파고든다. 나치의 범죄는 단순한 범죄가 아니라 인간성 그 자체에 위배되는 범죄였기 때문이다. 얀켈레비치에게 독일의 죄는 '속죄될' 수 없다. 1971년 그가 글로 썼듯이 독일인들이 단 한 번도 용서를 구한 적이 없기에 더더욱 그러하다. 그런데 왜 용서한단 말인가?

"용서에 의미와 존재 이유를 부여하는 것은 오직 죄인의 고뇌요, 고독이다. '경제 발전의 기적'으로 죄인이 기름지고 잘 먹고 잘나가고 유복하다면 용서는 암울한 농담이 된다."[7]

그러므로 얀켈레비치 역시 아렌트처럼 용서할 수 있는 것과 용서할 수 없는 것을 구분한다. 나아가 그는 애당초 용서의 가능성을 고민하려면 죄인의 참회가 조건이 되어야 한다고 본다. 물론 더 자세히 살펴보면 문제가 없지 않은 조건이다. 과연 참회는 언제 진실한가? 참회를 하는 것으로, 용서를 구하는 것으로 충분한가?

2015년 1월 7일 테러를 당한 후에 발간한 프랑스 풍자 전문지 《샤를리 에브도Charlie Hebdo》의 표지는 바로 그 문제를 아이러니하고 풍자적인 방식으로 지적하였다. 표지에는 눈물을 흘리는 선지자 모하메드가 연대의 슬로건 "내가 샤를리다Je suis Charlie"라고 적힌 종이를 들고 있다. 그리고 그림 위쪽에 큰 글자로 "Tout est pardonné"라고 적혀 있다. "다 용서한다."라는 뜻이다.

진짜 참회와 가짜 참회를 구분하기 힘든 것은 2015년 4월 용서를 구한다는 말로 세간의 주목을 받은 전 나치 친위대원 오스카 그뢰닝을 생각할 때도 제기되는 문제다. "나 역시 도덕적 공범임은 의심의 여지가 없다."라고 그뢰닝은 뤼베부르크 지방법원에서 말했다.

"나는 용서를 구한다. 형법상 죄의 문제는 여러분이 판결해야 한다."[8]

전 나치 친위대원의 이런 부탁이 매우 특이할지는 몰라도, 얀켈레비치의 말처럼 그렇게 함으로써 이미 용서에 '의미'와 '존재 이유'가 부여된 것인지는 의문으로 남는다. 그뢰닝은 아우슈비츠-비르케나우 수용소에서 30만 명이나 되는 유대인의 학살에 가담한 혐의로 1944년에 기소되었다. 그가 입에 올린 참회가 말뿐인 공허한 자백에 불과하다면 어떻게 되는가?

얀켈레비치와 아렌트가 자신들의 저서에서 개진한 용서의 이해에 반대하는 목소리는 더 있다. 용서할 수 있다고 생각하는 행위에 대해 복수나 보상을 포기하는 것이 과연 무슨 의미가 있을까? 용서할 수 있는 것에 대해서는 애당초 복수가 아무런 역할을 하지 못한다. 그래서 데리다는 진정한 용서란 용서할 수 없는 것과 관련해서만 일어날 수 있다고 말한다. 그리고 어떤 조건과 결부되지 않을 때에만 가능하다고 말한다.

"제가 만일 '나는 네가 용서를 구함으로써 변화되었고 더 이상 전과 동일한 사람이 아니라는 조건하에서 너를 용서한다.'라고 말한다면 저는 용서하는 것일까요?"[9]

진정한, 순수한 의미에서 용서하는 사람은 조건을 내걸지 않는다. 보상을 기대하지 않고 자신이 보상을 포기한 것이 유익한지를 고민하지 않는다. 반드시 의도가 있는 경제적 채무 탕감과 달리 용서는 철저히 무목적적이다.

데리다는 이어서 말한다.

"설사 고귀하고 순수한 목적(대속, 속죄, 화해, 구원)이라 해도 어떤 목적을 추구한다면, 애도나 어떤 기억의 치료법 혹은 생태학적 이해를 통해 (사회적, 민족적, 정치적, 심리학적인) 정상 상태를 재확립하려고 한다면 용서는 결코 순수하지 않으며, 용서의 개념도 순수하지 않습니다. 용서는 규범적이지도 않고 규범화하지도 않으며 또 그래서도 안 됩니다. 용서는 불가능한 것의 시험으로서, 마치 역사적 시간성의 정상적인 흐름이 중단된 것처럼 예외로, 비정상적인 것으로 남아야만 합니다."[10]

불가능한 것의 시험

이런 결론은 과격하지만 논리에 맞다. 계산 저 너머에서 행해지는 용서는 구원에도, 화해에도 도움이 되지 않는다. 그리고 이런 이유로 치료의 목적은 물론이고 정치적 목적으로 용서를 구하는 일체의 행위에는 항상 실패가 따라붙는다.

데리다는 용서의 정치는 물론이고 치료를 위한 용서도 당연히 목적과 결부되었다고 본다. 결국에는 심연의 극복과 긴장의 해소를 추구하기 때문이다. 정치적 목적이 언론을 통해 연출하는 용서 구하기와 사면이라면, 치료의 목적은 구원이다. 결국 "화해의 과정에서 상처를 봉합하는 것"[11]이 관건인 것이다.

진정한, 다시 말해 순수한 의미로 용서를 하는 사람은 목적을 추구하지 않는다. 그 행위는 목적 없이 일어나며 동기 없이 발생하고 '사욕'이 없다. 달리 표현하면 용서란 말 그대로 무無에서 나온다. 이는 용서에 유토피아적 성격을 부여한다.

그렇다면 결국 이 모든 것이 이상이란 말인가? 논리적으로는 용서의 개념에서 도출되지만 실질적으로는 거의 실현할 수 없는 이상인가? 그래서 용서는 일종의 신의 시험인가? 인간이 가진 한계와 유한성과 편협함으로 인해 결코 응할 수 없는 시험?

데리다는 거기까지 나아가지는 않는다. 오히려 그는 완벽하게 무조건적인 용서의 비현실성을 확실히 인식했다. 실제로 이 세상에서 행해지는 용서에 조건이 없다는 것은 그도 믿지 않는다.

"용서가 효과적이고 구체적이며 역사적이기를 바란다면(꼭 그렇게 되어야만 한다.), 상황을 바꾸기를 바란다면 용서의 순수성이 모든 (심리적, 사회적, 정치적) 조건에 응해야 한다."[12]

용서가 현실적일 수 있으려면, 용서의 개념이 애당초 배제시킨 그 조건들을 통해 용서의 순수성이 '더럽혀져야' 한다. 다시 말해 조건적일 때만 용서는 현실적이 될 수 있다. 하지만 이런 현실성을 잊지 않고 용서의 순수성을 이상으로 추구하는 것이야말로 데리다의 도전이다. "은혜롭고 무한하며 비경제적인 '무조건적인' 용서"라는 유토피아적 요구와 "범죄를 인정하고, 명백히 용서를 구하는 죄인의 참회와 변화를 보고 판단한 조건적 용서"[13]의 근본적인 긴장이 용서에 스며드는 것이다.

이 책은 이러한 긴장을 눈여겨볼 것이다. 그것이 이 책을 떠받치고 독려하는 본령이다. 따라서 이 책은 수많은 자기계발서들[14]과 달리 성공적인 용서의 길을 걷지 않을 것이다. 그보다는 용서의 중요한 조건들을 비행위의 무목적 핵심과 연관시키고자 하며, 조언 대신 질문을 던지고자 한다.

　　―용서는 이해한다는 뜻일까?
　　―용서는 사랑한다는 뜻일까?
　　―용서는 망각한다는 뜻일까?

　용서라는 주제의 철학적 스펙트럼이라 할 이 세 가지 질문이 이 책의 목차가 될 것이다. 첫 번째 질문은 "모든 것을 이해한다는 것은 모든 것을 용서한다는 뜻이다."라는 19세기의 한 문구에서 출발한다. 하지만 이 맥락에서 '이해하다'는 무슨 뜻일까? 이해의 과정에서 '가해자'를 바라보는 시선이 어떻게 바뀔까? 악을 이해할 수 있을까? (스스로 결정하는) 의지와 (무언가에게 조종당한) 광기를 어떻게 구분할 수 있을까? 원인에서 자유로운 행위 같은 것이 존재하기는 할까? 존재하지 않는다면 우리는 죄의 개념을 완전히 바꾸어야 할까? 마지막으로, 우리는 결코 타인을 이해할 수 없다는 프랑스의 에마뉘엘 레비나스 Emmanuel Lévinas의 주장이 옳다면 과연 '용서=이해'라는 이 말이 성립될까?

두 번째 질문 '용서는 사랑한다는 뜻일까?'는 선사하고 희사하는 용서의 제스처를 언급한다. 한 사람의 죄를 면제해주고 싶은 충동은 어디서 오는가? 용서를 하려면 꼭 사랑해야 하는가? 용서는 사랑처럼 미쳤을까? 그래서 답례도 못 받는 순수한 소비일까? 우리는 채무 변제의 원칙과 절연한 '다른 경제학'의 개척자 프리드리히 니체를 만나게 될 것이다. 니체는 죄의 개념과 경제적 개념인 채무와의 연관성을 끝까지 추적하여 결국 이런 질문에 도달한 사람이기도 하다. 우리가 죄로 인해 사랑한다면 어떻게 될까? 죄로 인해 용서한다면?

마지막 세 번째 질문 '용서란 망각한다는 뜻일까?'는 개인적인 의미에서도, 정치적인 의미에서도 종지부를 찍기가 쉽지 않은 일이라는 것을 상기시킨다. 흔히들 '용서와 망각'이라는 말을 묶어서 많이 한다. 하지만 마음 깊이 상처를 입은 사람이 과연 다 잊어버릴 수 있을까? 정말 시간이 지나면 모든 상처가 다 아물까? 정치적으로 망각의 문제는 사면이라는 불협화음 많은 규칙과 불가분의 관계에 있다. 망각을 통해 평화가 구축될 수 있을까? '기억하지 않기'를 명령할 수 있는 것일까?

독일 정치가들이 최악의 전쟁 범죄 현장에서 구한 그 모든 용서는 어떻게 평가할 수 있을까? 홀로코스트에 대한 의례적인 기억은 일종의 속죄로 작용하는가? 홀로코스트와 관련하여 "용서할 수 없는 것을 용서하는 것만이 용서다."라는 데리다의 말은 어떻게 해석할 수 있을까? 실제로 인류 최대의 이 범죄는 용서 철학의 소실점이다. 아렌트, 얀켈레비치, 레비나스, 데리다, 이들 모두가 유대인이며 각자의 사상에서 유대인 말살 사건을 다룬다. 더구나 데리다를 뺀 앞의 세 사람은 그 말살의 재앙을 직접 겪은 사람들이다.

이런 역사적 관계는 용서가 구체적 상황과 분리시켜 말하기 힘든 현상 중 하나라는 사실 역시 잘 보여준다. 용서는 즉흥적이고 모호하며 개인 및 집단의 역사와 너무 얽혀 있다. 이런 이유로 이 주제는 철학적 분석 이외에도 서사적 철학을 요구한다. 인식은 이야기를 통해서도 얻어지는 법이다. 아니, 이야기를 통해 직조된다는 표현이 더 옳겠다. 여기서도 그러하다. 용서의 비밀을 추적하고자 한다면 스스로도 그 영역으로 들어가 생각해볼 수 있어야 한다. 데리다가 역설적으로 표현했던 그 대단한 용서의 요구는 상처가 클수록 더욱 절실해진다.

따라서 나는 각 장의 끝부분마다 중범죄를 경험한 사람들의 이야기를 들려줄 것이다. 첫 번째 이야기는 피해자의 입장에서 서술된다. 기젤라 마이어는 2009년 반넨덴에서 일어난 총기 난사 사건으로 딸을 잃었다. 그녀는 말한다. 침묵과 분노의 긴 세월이 지나자 범인을 이해하고 용서하고 싶다는 바람이 점점 커졌노라고.

두 번째 장에서는 테겔 교도소의 성경 모임을 찾아가서 사람을 죽인, 그것도 사랑했던 여자를 자기 손으로 죽인 한 남자의 입장에서 용서의 문제가 어떤 방식으로 제기되는지 들어볼 것이다.

마지막 세 번째 만남을 통해서는 피해자의 시각과 가해자의 시각이 한 곳으로 모일 것이며 용서 철학의 암묵적 구심점이 거론될 것이다. 독일인들의 죄는 결코 공소시효가 없다고 블라디미르 얀켈레비치는 말했다. 그는 두 번 다시 독일 땅에 발을 들여놓지 않을 것이라고, 두 번 다시 독일 책을 읽지 않을 것이며, 두 번 다시 바그너를 듣지 않고, 두 번 다시 독일어를 입에 올리지 않을 것이라고 말했다. 두 사람의 홀로코스트 생존자 레기나 슈타이니츠와 츠비 슈타이니츠를 베를린에서 만났을 때 내 머리에는 그 문장들이 맴돌았다.

　내 개인의 이야기가 이 책의 실마리가 되어줄 것이다. 한 여자가 가정을 버렸다! 훨씬 더 일상적인 이야기이기에 그것은 실제 세상으로 건너가는 다리가 되어줄 것이며, 사회가 벌한 위법행위의 표본이 되어줄 것이다.

1

용서는

이해한다는
뜻일까

　내가 살았던 베스트팔렌의 그 작은 마을에서는 엄마의 가출이 큰 스캔들이었다. 어떻게 인간이 그럴 수가 있지? 친구 집에 갈 때도, 빵집에 갈 때도, 이웃 사람들의 눈총을 받으며 잔디를 깎을 때도 차마 입으로 뱉지 못한 그 질문이 귓가에 아우성쳤다. 내 엄마의 죄를 무한한 죄로, 악마의 죄로 부풀게 했던 그 질문…. 남편을 속인 거야? 자식을 버렸다는데? 이해할 수가 없어!

　엄마의 행동에 대한 원인을 묻는 질문은 한평생 나를 따라다녔다. 나는 그 이유를 논리적으로 이해함으로써 내 엄마에게 달라붙은 듯한 악을 용서로 바꾸고 싶었다. 하지만 이해할 수 있다고 해서 반드시 용서할 수도 있을까?

이해한다면
용서할 수도 있을까

한나 아렌트는 1953년 〈이해와 정치〉라는 제목의 논문에서 이렇게 썼다.

"용서는 부단히 변하고 바뀌는 현실을 파악하고 현실과 화해하려는 끝나지 않을 활동이다. 다시 말해 우리는 그 활동을 통해 세상에 깃들고자 노력하는 것이다."[15]

간단히 말하자면 범죄나 비도덕적 행동의 원인을 이해하려고 노력하면서 우리는 다시 발 딛고 설 단단한 땅을 얻게 된다. 완전히 뒤죽박죽인 것 같던 세상이 이제는 낯설거나 악마 같지 않고 합리성을 얻는다. 이해한다는 것은 연관성을 만들어내고 인과관계를 깨닫는다는 뜻이다.

그러나 한나 아렌트는 그런 이해가 반드시 용서를 동

반하지는 않는다고 덧붙인다. 그녀는 이 주장의 근거로 전체주의를 들었다. 전체주의의 구조를 이해한다는 말이 곧 그 이름으로 자행된 범죄를 용서한다는 의미는 아니라고 말이다.

"전체주의 정부의 등장이 우리가 사는 세상의 중요한 사건인 만큼 전체주의를 이해한다는 말은 무언가를 용서한다는 뜻이 아니라 이런 것들이 가능한 세상과 화해한다는 뜻이다."[16]

범죄를 조장하고 부추기는 맥락을 이해한다고 해서 자동적으로 그 범죄를 용서하는 것은 아니다. 한나 아렌트도 직접 참관했던 아돌프 아이히만의 재판을 통해 분명히 드러난 차이다.

독일 나치 친위대 중령이자 국가안보경찰본부 유대인 담당 과장 아이히만은 600만 명의 유대인 학살에 공동 책임이 있었다. 그러나 1961년 예루살렘 법정에 선 그는 자신은 그저 정부가 명령한 일을 수행했을 뿐이라는 논리를 들어 자신을 변호했다. 그러나 바로 그렇게 아무 생각 없이 의무를 수행한 태도야말로 그를 용서할 수 없는 이유라고 아렌트는 말한다. 따지고 보면 아이히만에게는 스스로 생각하여 다른 행동을 할 수 있는 가능성이 있었다. 그

점에서 아렌트는 아이히만에게 내린 사형 선고 역시 정당하다고 보았다.

아이히만의 사건에서 잘 드러나듯 어떤 행위의 이유를 완벽하게 이해한다고 해서 반드시 용서가 되는 것은 아니다. 달리 말하면 한 인간을 미혹하여 살인을 저지르도록 만든 동기를 이해할 수는 있지만 그 때문에 그 행위를 용서해야 하는 것은 아니다. 따라서 아렌트는 이해가 결코 용서의 충분조건은 아니라고 강조한다.

그렇다면 가정을 버리자고 마음먹은 우리 엄마의 파렴치한 결정처럼 홀로코스트보다 훨씬 딜 중한 위법행위는 어떨까? 아렌트의 논리대로라면 우리는 그런 경우 어떤 결론을 내릴 수 있을까?

이 질문의 대답을 찾기 위해 아렌트의 순응주의 비판에 주목해보자. 보편적이기에 우리 자신의 삶에도 적용할 수 있는 아렌트의 요구는 칸트의 요구와도 일치한다. 스스로 이성을 사용할 용기를 내라! 이것이 올바르다고 생각되면 순응주의자의 무리에 저항하라! 우리 엄마는 평범하지 않은 행동을 통해 정확히 그 일을 하지 않았을까? 그러니 우리 엄마와 같은 사람은 용서할 수 있어야, 아니 심지어 용서해야 한다는 결론이 나오지 않을까?

우리 마을의 많은 여자들은 남편과 자식이 자신에게 행복을 주는지 그렇지 않은지 한 번도 심각하게 고민한 적이 없었다. 내 눈에는 그렇게 보였다. 그들은 시민적 실존에 순응했고 그에 맞게 행동했다. 지금의 내 입장에서 보면 그 규범을 지켜 타인의 결정을 따르는 대신 서른네 살의 나이에 자기 운명을 단호하게 손아귀에 넣었던 우리 엄마는 그들과 비교해 얼마나 자유로워 보이는지 모른다.

"지금 인생을 바꾸지 않으면 평생 못 바꾼다."

나중에 엄마는 당시의 상황과 마음가짐을 이렇게 설명했다. 그런 관점에서 본다면 경로 변경을 감행한 그녀의 투철함은 냉혈의 증거라기보다 자율의 증거로 해석될 수 있다.

"조건이 최적이고 장애물이 없을 때만 자신의 원칙을 따르는 사람을 절대 우리는 자율적이라 부르지 않는다."

미하엘 파우엔Michael Pauen과 하랄트 벨처Harald Welzer는 공저로 작업한 《자율》에서 이렇게 말했다.

"진정으로 자신의 소망과 확신, 원칙에 따라 살고자 하는 사람은 저항을 극복할 줄 알아야 한다. 다른 사람들이 반대하더라도 자신의 원칙을 고수해야 하며, 장애물이 있어도 원칙을 관철할 수 있어야 하며, 남들이 다르게 행동하더라도 현혹되지 말아야 한다."[17]

그러니 우리 엄마의 그런 행동을 내가 어찌 비난한단 말인가? 그렇다. 이런 관점에서 보면 엄마의 용기는 심지어 칭찬받아 마땅하지 않을까?

다만, 내 마음이 편할 때는 이런 식의 해석이 그럴싸하고 위안이 되지만, 그렇지 않을 때는 의혹이 내 마음을 갉아먹는다. 엄마는 정말로 자유롭게 행동했을까? 엄마가 세 번째 남편과도 헤어지면서 새로 꾸린 그 가정마저 또다시 부수어버렸다는 사실은 자유로운 행동이라는 이런 가정과 반대되지 않을까? 물론 자신의 소망과 확신에 따라 사는 것이 자율의 특징이다. 하지만 파우엔과 벨처는 "그것을 스스로 통제할 수 있어야만, 구체적으로 말해, 포기하기로 결심하면 포기할 수 있어야만"[18] 진정으로 자신의 소망과 확신인 것이라고 제한을 두었다.

○ ● ○

더운 늦여름의 어느 날, 나는 여동생과 베를린 바인베르크스파크의 한 레스토랑 테라스에 앉아 있었다. 해가 뉘엿뉘엿 넘어가는 시간이어서 우리는 저녁을 먹으며 맥

주를 마셨다. 그리고 여느 때처럼 엄마 이야기를 했다.

"내가 힘든 것은 엄마가 떠났기 때문이 아니야."

여동생이 말했다.

"엄마가 우리랑 연락을 딱 끊어버렸기 때문이지."

여동생이 잠시 말을 멈추었다 다시 입을 열었다.

"그런데 말이야, 엄마가 아파서 그랬을지도 모른다고 생각해본 적 있어?"

나는 식사를 하다 말고 무슨 소리냐는 표정으로 여동생을 쳐다봤다.

"경계성이라고 들어봤어?"

여동생의 생각이 너무나 뜻밖이어서 나는 여전히 아무 말도 하지 못했다.

"경계성 인격장애 환자는 안정적인 관계를 유지하지 못해. 자기 기분 내키는 대로 살고 남들에게도, 자신에게도 공격적이고…."

나는 나이프와 포크를 내려놓았다.

"그렇게 간단한 게 아니야."

나는 여동생에게 말했다. 엄마의 행동을 병리학적으로 분류함으로써 여동생은 엄마가 저질렀거나 저지르지 않았던 모든 짓을 용서하려고 했다.

"네가 생각해도 너무 단순한 것 같지 않아?"

나라면 자식을 버리고 떠날 수 있는지 여동생이 다시 물었다. 그것도 그렇게 영원히. 엄마가 떠났을 때 여동생은 여덟 살이었다.

"아니, 당연히 못 하지."

"거봐. 정상적이라고 말할 순 없잖아."

죄의 경계:
의지인가, 광기인가

인간의 행위가 자유의지의 결과인지 내적 강박의 결과인지를 한 치의 오차도 없이 파악할 수 있을까? 전설적인 산악인 라인홀트 메스너Reinhold Messner는 의지력이 남다른 사람일까? 아니면 그냥 미친놈일까? 에볼라가 창궐하는 지역에서 열심히 봉사활동을 하는 사람은 영웅일까? 아니면 치유되지 못한 어린 시절의 트라우마 때문일까?

2015년 3월 승객을 가득 실은 여객기를 추락시켜 150명의 무고한 목숨을 앗아간 저먼윙스의 기장은 어떤가? 그 이유가 정말 중증 우울증이었을까? 아니면 자기 인생이 아무 의미 없다고 여기고 자신이 없어도 계속될 이 세상을 견딜 수 없었던 한 인간의 자유의지였을까?

한 인간이 저지른 위법행위의 정도가 중대할수록, 그의 행위가 평범하지 않을수록 자율의 표현인지, 아니면 정신적 질병의 결과인지를 판단하기가 더욱 힘들다. 저먼윙스 사건처럼 너무나도 끔찍한 경우에는 그 원인이 후자였으면 하는 바람이 더욱 간절하다. 그 잔혹한 행동을 설명하고, 확실히 이름 붙일 수 있는 이유가 있었으면 하는 것이다.

임상적인 이해는 어떤 행위를 다시금 합리성의 영역으로 데려가며 범죄자와의 안정적인 거리를 조성한다. 그러니까 적어도 일부나마 그의 행위를 용서하는 것이다. 우울증이 미친 짓을 저지르도록 그 기장을 부추겼다고, 어쩌면 그렇게 할 수밖에 없도록 '강요했다'고 말이다. 정상적인 상태였다면 어떤 인간도 그런 짓을 저지르지 않았을 것이라고 믿는다. 반대로 그 행위가 자유의지로 저지른 짓이라면 우리 모두에게는 잠재적인 대량 학살범이 숨어 있는 것이다. 참으로 무시무시한 상상이 아닐 수 없다.

의지와 광기의 거리가 얼마나 가까운지는 몇 년 전에 일어난 안데르스 브레이비크의 사건에서도 잘 드러난다. 2011년 노르웨이의 우퇴야 섬에서 총을 난사하여 77명의 목숨을 앗아간 그 살인자는 첫 조사에서 망상적 정신분열이라는 진단을 받았다. 그러나 그 진단에 이의를 제기하는 목소리가 컸다. 2012년 8월 오슬로 법원은 브레이비크에게 책임능력이 있다는 판결과 더불어 21년 형과 출소 후 예방적 구금형을 선고했다.

그러나 한 인간을 도덕적 혹은 법적으로 문책할 수 있는지, 가능하다면 어느 정도까지 문책할 수 있는지의 문제가 대두될 때 소위 책임능력이란 것이 실제로도 판단의 기준이 될까? '범인'은 실제로 자기 행위의 주동자일까? 그게 아니라면 심리적 결함에 휘둘렸던 것일까? 심리적 결함으로 인해 그런 행위를 할 수밖에 없도록 정해져 있었던 것일까?

그런 식의 질문들은 자유의지를 둘러싼 철학 논의의 깊은 곳까지 파고든다. 실제 조금만 더 자세히 들어가도 자율이 무엇인지가 도무지 명확하지 않다.

도스토옙스키는 《죄와 벌》에서 한 인간이 어떻게 살인자가 되는지를 묘사한다. 가난한 대학생 라스콜니코프는 돈 많은 전당포 주인 노파를 살해한다. 그런데 그를 살인으로 이끈 생각은 언뜻 봐서는 매우 합리적이다. 돈만 밝히는 아무짝에도 쓸모없는 노파의 목숨을 과학과 세상에 기여할 수 있는 목숨과 맞바꾸는 것이 뭐 어떤가? 그런 냉혹한 생각으로 그는 자신의 계획을 정당화하고 자신의 의혹을 무찌르기 위해 노력한다. 그러나 그가 실행에 나서는 순간 그를 이끈 것은 그런 비용 효과 논리가 아니라 그에게 그 어떤 선택도 허용하지 않고 그를 본격적으로 살인으로 내모는 초자연적인 힘이다.

"마지막 날, 예기치 않게 마지막이 되어버린 그날, 모든 것이 갑자기 결정 나버린 그날은 그에게 기계적으로 다가왔다. 누군가 그의 손을 붙들고 그를 잡아당기는 것 같았다. 거역할 수 없게, 맹목적으로, 초자연적인 힘으로, 저항도 못 하고, 마치 옷자락이 기계에 걸려 빨려 들어가기 시작하는 것 같았다."[19]

도스토옙스키는 불과 몇 쪽의 글을 통해 인간의 죄라는 드라마를 온전히 펼쳐 보이는 데 성공했다. 한편으로 우리는 자기 행위의 책임을 져야 하며, 라스콜니코프처럼 죄를 지었다면 양심의 가책으로 괴로워하며 살아야 한다. 하지만 또 한편으로는 인간의 행위가 과연 얼마나 자율적인가 하는 의문이 제기된다. 인간이 자유롭지 않다면 어떻게 되는 것일까? 도덕적 관점에서, 아니 법적 관점에서도 인간의 행위를 조금 더 관대하게 대해야 하지 않을까? 실제로 '범죄자'에게 다른 선택이 없었다면 왜 우리는 그 범죄에 대하여 보복해야 한단 말인가?

《의지의 자유와 법적인 죄》에서 법 철학자 라인하르트 메르켈Reinhard Merkel은 정확히 그 문제를 다루었다. 그에게 자유의지란 결코 명확한 것이 아니다. 그는 뇌와 정신의 관계 분석과 (존재한다고 믿는) 우리의 자율이 신경생리학적 물질, 다시 말해 뇌에 있는 신경망과 어떤 관련이 있는지를 의심의 근거로 삼았다. 신경의 결함이 범행에 매우 중요한 역할을 하는 경우가 빈번하다는 것이다. 메르켈은 뇌종양으로 소아성애 성향을 갖게 된 40세의 미국 교사를 사례로 들었다. 이 사실을 놓고 보면 범죄자의 책임능력을 전혀 다른 시각에서 바라보아야 한다.

"'정상적인' 범죄자가 범행 순간 달리 행동할 수 있는 자유의지를 갖고 있었다는 가정은 입증될 수 없을 뿐 아니라 그렇게 주장할 타당한 근거도 없다는 사실을 우리는 인정해야 할 것이다."[20]

물론 메르켈이 사법 체계와 형벌 체계 전체의 폐지를 주장하려는 것은 아니다. 메르켈은 사회의 기능이 유지되기 위해서는 처벌이 필요하다고 생각한다. 하지만 처벌은 순전히 도구적, 공리주의적 목적을 가질 뿐 원래는 정당하지 않다고 말한다. 이런 배경에서 그는 조금 더 겸손하게, 그러니까 적절한 양심의 가책을 갖고서 범죄자를 대하라고 독려한다.

"범죄자로서의 그에게 부가되는 벌이 경험적 인간으로서의 그에게도 실제로 합당한 것인지 우리는 알지 못한다."[21]

광기와 사회

메르켈의 논리는 민감한 부분을 건드린다. 따지고 보면 우리의 사법 체계는 물론이고 민주주의도 본질적으로는 인간이 자율적이라는 가정을 바탕으로 삼는다.

하지만 자율이라는 이 중심되는 성격은 현재 맹렬한 공격을 받고 있다. 신경학을 필두로 곳곳에서 인간의 자율성을 의심하는 목소리가 커지고 있다. 이마누엘 칸트가 미성년 상태로부터 해방시키고자 했던 '주체Subjekt'는 19세기 말부터 말 그대로 '아래로 내던져진 것(sub-jectum)' 취급을 받았다. 예를 들어 프랑스 철학자 미셸 푸코Michel Foucault는 니체의 뒤를 이어 인간을 역사와 언어를 통해 형성된 존재라고 보았다. 인간은 '권력 담론'에 물들어 있는바, 그 담론이 그의 행동과 신체와 성까지도 만들어낸다고 말이다.

이런 의미에서 보면 광기 역시 그냥 주어진 것이 아니라 건강한 사람을 병자와, 말할 수 있는 것을 말할 수 없는 것과 분리시키는 배제 메커니즘의 결과다.

따라서 푸코와 같은 철학자들은 저 하늘에서 내려다보는 것처럼 전체를, 한 사회의 의학적·도덕적·관습적 규정을 파악하는 시야의 확장을 요구한다. 그렇게 되면 우리가 별생각 없이 아프다고, 미쳤다고 해석하는 인간의 행동이 전혀 다른 양상을 띤다.

내 자신의 이야기로 옮겨오면 이런 의문이 들 것이다. 대체 왜 엄마의 가출이 그 정도의 신성모독이었을까? 어디서나 아버지들은 가족을 버리지 않는가? 왜 결혼의 강제와 가정의 비좁은 경계를 넘으려는 어머니들은 훨씬 더 가혹한 비난을 받으며, 그것으로도 모자라 병이 들었거나 미친 사람 취급을 받는 것일까? 왜 어머니들은 남자들처럼 (불가피하다면 남들을 희생시키면서까지) 자기 인생을 자기 원칙대로 살 권리가 없는 것일까? 왜 폴 고갱이 한때 그러했듯 예술이라는 소명을 따르기 위해 가족을 버려서는 안 되는 걸까? 자기 자식들을 잃어버리는 대가를 치르고서라도 삶을 완전히 바꾸고 열정을 추구하면 안 되는 것일까?

그들의 문학적 적수들은 입센의 노라, 톨스토이의 안나 카레리나, 폰타네Theodor Fontane의 에피 브리스트, 플로베르의 보바리 부인에게서 '나쁜 엄마'를 발견한다. 이제 나는 이렇듯 터부를 깨고 스스로에게 권력을 부여한 여성들을 뒤쫓고자 한다. 내 엄마의 가출을 이해할 수 있는 한계선까지 추적해볼 생각이다.

사회적 터부:
여성은 욕망을 품어서는 안 된다

현대문학은 음울한 이미지를 그린다. 플로베르의 보바리 부인은 비소를 삼킨다. 폰타네의 에피 브리스트는 근심으로 죽고 톨스토이의 안나 카레리나는 달려오는 기차에 몸을 던진다. 집에 갇힌 엄마들은 산 채로 묻힌 것 같은 실존에서 스스로를 구원하고자 했다. 그들에게는 애인이 있었고, 자신의 행복을 찾기 위해 자식의 행복을 걸어야 했다. 이렇듯 19세기 문학의 위대한 여성 인물들은 죽음으로 이기심의 대가를 치렀다.

물론 우리는 이제 더 이상 플로베르와 폰타네, 톨스토이의 시대를 살지 않는다. 가부장제도는 지나간 과거다. 법 앞에서 남성과 여성은 동등하다. 그러나 지금도 여전히 어머니들은 아버지들보다 훨씬 더 집과 자식에게 묶여 있다. 그만큼 그 유대의 끈을 잘라버릴 권한도 훨씬 적다. 가사를 등한시하고, 아내를 두고 딴 여자를 탐하며, 자식들과 친하게 지내지 않고, 언젠가 가정을 버릴 결심을 하는 남성은 이기주의자다. 하지만 비슷하게 행동하는 여성은 병들었다. 다른 남자를 향한 (라스 폰 트리에의 영화 〈님포매니악〉이 대표적으로 보여주었던) 여성의 성적 욕망도 그러하지만, 특히 '모성 의무'의 등한시는 병리학의 차원을 떠나서는 생각할 수가 없다.

"당신은 미쳤어!"[22]

헨리크 입센의 《인형의 집》에서 남편인 헬머는 그를, 자식을, 증오하던 '인형의 집'을 떠나겠다고 선언한 노라에게 이렇게 말한다. 오늘날의 관점에서 보면 그녀에게는 여성의 애착 호르몬이 부족하다. 어쨌든 엄마는 자식을 품었고, 느꼈으며, 자식과 하나였다. 그러니 여성은 본성상 더 타인과 밀착되고, 공감력이 뛰어나며, 이타적이어야 마땅하지 않을까?

이런 주장의 역사는 길다. 예로부터 남성들이 주장했던 소위 여성의 그 '본성'이란 것은 실제로도 여성의 자아실현을 제한한다. 아리스토텔레스에서 루소와 칸트, 피히

테, 쇼펜하우어를 거쳐 프로이트에 이르기까지 모든 남성 철학자들은 남성은 이성을 추종하지만 여성은 주로 신체의 지배를 받는다고 천명했다. 이런 생물학적 결정론은 여성의 자기 이해에 지대한 영향을 미치며, 처음부터 여성에게서 일체의 자율성과 합리성을 박탈했다.

"나는 생각한다. 고로 나는 존재한다."의 데카르트 식 '에고'는 경향성(동물적 욕구와 감정 등의 속성)에 적대적인 칸트의 의무 윤리와 마찬가지로 신체와 감정을 배제한 채 만들어졌다. 현대 이성의 주체는 그 자결권과 자의식에서 '당연히' 남성적이다. 남성은 합리적 존재로서, 항상 신체를 넘어서고, 신체와 다른 존재이며, 그런 점에서 여성과 달리 아무런 위험 없이 성적 욕망을 마음껏 충족시킬 수 있다. 문화이론가 알브레히트 코쇼르케Albrecht Koschorke는 둘의 차이를 이렇게 요약한다.

"남성은 자신을 걸지 않고도 성적 욕망을 품을 수 있다. 남성의 현존재가 단순한 성적 욕망 이상을 포괄하기 때문이다. 하지만 여성은 욕망을 품어서는 안 된다. 그럴 경우 충동에 잡아먹히기 때문이다. 남성은 분열될 수 있고 두 차원에서 존재한다. 여성은 자신과 하나이며 바로 그 때문에 언제라도 남김없이 소멸될 위험이 있다."[23]

여성의 윤리(도덕적 행동)는 남성과는 다르게 더 엄격한 잣대에 따라 평가된다. 배제와 병리화, 차별로 이어지는 잣대다. 그렇다. 심지어 우리와 일절 관계를 끊고 완전히 새로운 인생을 시작하겠다던 우리 엄마의 결정조차도 이런 메커니즘의 결과물이었다고 생각할 수 있지 않을까? 엄마가 느낀 수치심이 너무 컸을까? 우리 자식들을 '파렴치한' 실패의 증거로밖에 볼 수 없었던 것일까? 그렇다면 우리 엄마는 근본적으로 사회의 피해자에 불과했던 것이 아닐까?

우리의 행동과 존재가 실제로 지배적인 권력관계로 온전히 소급된다면 이 책은 지금 여기서 끝날 수 있을 것이고 용서에 대한 논의는 아무짝에도 쓸모가 없을 것이다. 누구도 죄가 없는데 보복을 포기함으로써 죄를 용서하는 것이 무슨 의미가 있겠는가? '이해'가 '죄인'에 대한 용서를 낳는다면, 그러니까 그가 죄인이 아니라 생물학적 배경이나 사회의 피해자라면 일체의 용서가 다 쓸모없다. 중세 철학자 피에르 아벨라르Pierre Abélard의 말대로 용서는 죄를 전제로 한다.

"죄가 없는 곳에는 용서도 없다."[24]

아벨라르는 누가복음에 기록된 "주여, 저들을 용서

하소서. 저들은 저들이 하는 짓을 알지 못하나이다."(눅 23:34)라는 성경의 용서 논리와 관련하여 이 말을 했다. 한 인간이 병이 들었거나 세속적인 유한성으로 인해 깨치지 못한 권력관계에 대책 없이 휘말려들어 자기가 무슨 짓을 하는지 전혀 모른다면 그 역시 죄가 없고, 따라서 용서도 필요 없다. 이런 의미에서 프리드리히 니체도《인간적인 너무나 인간적인》에서 이렇게 말했다.

"인간은 용서할 수 있는가? 자신이 한 짓을 모른다면 어떻게 용서할 수 있겠는가? 용서할 것이 전혀 없다."[25]

오늘날 우리는 한 사람을 싸잡아 비난하거나 죄의 못을 박지 않는 사람, 이유를 묻고 이해하려 애쓰는 사람을 교양 있고 진보적이라고 생각한다. 어떻게 하다가 살인을, 강간을, 강도 행각을 저질렀을까? 부모는, 성장 배경은 어떤 역할을 했을까? 그러나 오스트리아 철학자 콘라트 파울 리스만Konrad Paul Liessmann의 논리에 따르면 이런 대변代辯은 근본적인 문제를 안고 있다. 이렇게 특히 소수자들에게서 일체의 책임을 벗기고 금치산 선고를 내리는 경향을 스스로 대중적이라고 착각하는 서양 사회 지식인의 전형적인 증상으로 본 것이다.

"실제로 공격적인 청소년, 통합에 실패한 이슬람인들

이나 마약 중독자들이 자기 상황에 스스로 책임을 져야 한다고 생각하는 모든 사람은 정치적 견해가 틀렸다는 의심을 받는다. 아니, 책임은 항상 딴 곳에 있지, 절대 그 당사자에게 있지 않다. 이주민과의 사이에서 문제가 발생한다면 환대의 문화가 부족한 것이다. 젊은 자하디스트들이 런던이나 빈을 떠나 이라크로 가서 이교도를 참수한다면 이들을 위한 통합 서비스가 불충분한 것이며…."[26]

우리 엄마가 내린 극단적인 결정이 극도의 이기심 때문이라면, 심지어 어두운 영혼의 심연 때문이라면 어떻게 될까? 비도덕적 행동의 책임을 '사회'에 전가하려는 모든 노력은 결국 안정제에 불과할까? 인간의 본성을 외면하는 근본적인 자기기만이라고? 그렇다면 우리는 지금껏 살짝 건드리기만 했던 한 가지 현상을 조금 더 자세히 다루지 않을 수 없다.

철학적 이해:
악이란 무엇인가

악은 어둡고 신비하며 공포를 유발한다. 악은 세상에 대한 신뢰를 뒤흔드는 이해하기 힘들고 낯선 것이다. 완전히 다른 것이다. 악의든, 거짓이든, 간계든, 강간이든, 살인이든, 테러리즘이든, 건강한 인간의 이성을 뛰어넘는 악행은 혐오와 불안과 깊은 방어 본능을 일깨운다. 악은 무찔러야 하는 것이다. 감시하고 가두고 배제시키고 나아가 근절해야 하는 것이다.

하지만 악이 외부에서 와서 교활하고도 매혹적이게도 우리의 집과 심장으로 밀고 들어오는 것이 아니라 애초부터 우리 안에서 살고 있다면? 사실 섬뜩한 것은 친숙하고 익숙한 것이라는 프로이트의 주장이 맞다면 어떻게 될까? 그러니까 모든 개인이 누군가 깨워주기만을 기다리며 악의 잠재력을 자기 안에 담고 있다면?

"모든 것을 이해한다는 것은 모든 것을 용서한다는 뜻이다."

이 문장이 완전한 타인(낯모르는 사람, 병든 사람, 미친 사람)에 대한 이해가 아니라 자신을 이해하는 것을 뜻한다면 어떻게 되는가?

환상이 얼마나 터무니없는지는 잠을 잘 때 드러난다. 평소 너무나 도덕적인 사람도 무의식적으로 범죄를 저지르고, 그냥 백일몽일 수도, 번개처럼 번쩍인 사악한 생각일 수도 있을 살인의 악몽에 시달린다. 악과 인간의 관계는 그만큼 친밀하다.

순수하게 정신적인 것으로 그치지 않을 때도 많다. 가상 세계에 살던 청년들이 갑자기 살인을 저지르고 윤간을 저지른다. 환상과 행위의 경계는 흐리다. 그럴수록 상상할 수 없는 것을 어떻게 상상할 수 있는가의 문제가 더욱더 시급하게 제기된다. 예로부터 사상가들은 그릇된 생활만을 악의 원인이라 말하지 않았다. 그보다 훨씬 더 불안을 조장하는 질문에 관심을 보였다. 악은 인간의 본성인가? 만일 그렇다면 어느 정도일까?

동물적인 악

동물적인 악의 형태는 일상에서 자주 관찰된다. 상대적으로 별문제가 없는 상황에서도 문명층이 얼마나 쉽게 무너지는지는 우리의 일상에서도 자주 확인되는 사실이다. 미어터지는 전철에서, 꽉 막힌 도로에서, 기다리다 짜증이 나는 병원에서 평소 친절하고 예의 바른 사람들도 극도로 예민하고 공격적인 모습을 보인다. 과도한 긴장 탓에 벌거벗은 진짜 본성이 나타나기라도 한 것처럼 갑자기 자신을 제일 소중한 사람으로 떠받들고 동물처럼 자기 영역을 지키려 든다.

16세기 영국의 철학자이자 국가 이론가인 토마스 홉스Thomas Hobbes의 주장이 바로 이러했다. 홉스는 유명한 저서 《리바이어던》에서 자기 보존과 욕망 추구는 우리의 본질적인 원동력이며, 이것을 통제하지 않으면 "만인의 만인에 대한 투쟁bellum omnium contra omnes"[27]이 일어날 것이라고 했다. 통제되지 않은 상태에서는 "인간은 인간에게 늑대"[28]와 같은 존재이므로 삶은 "외롭고 혐오스럽고 동물적이며 단명할"[29] 것이라고 말이다. 또한 홉스는 우리 안의 짐승을 길들일 수 있는 유일한 사람은 군주이며, 인간은 폭력으로 일찍 죽는 것이 두려워 권력을 그 군주에게 내준다고 주장했다.

이런 식의 해석대로라면 악은 본디 병리적인 것이 아니라 늑대와 같은 우리의 본성이 표출된 것이다. 야만적인 윤간, 유혈이 낭자한 대량 살상, 우발적인 폭행이 자기 정당성을 입증하는 것 같다.

하지만 동물적인 악에 기인한다는 주장에는 심각한 약점이 있다. 인간의 행위를 동물적 충동으로 환원시키면서 인간에게서 일체의 행동 권력을 박탈하며, 더불어 자기 행동에 대한 일체의 책임까지도 박탈한다. 인간이 실제로 감정의 포로고, 따라서 공존을 가능하게 해줄 지배자가 필요하다면 외적 자유도, 내적 자유도 존재하지 않는다. 하지만 18세기 말부터 인간의 표식으로 생각해온 것은 그 무엇도 아닌 '자율'이다. 침을 질질 흘리는 맹수의 자리를 각성한 성년의 시민이 꿰찬 것이다. 도덕적인 관점에서도, 아니 그 무엇보다 도덕적인 관점에서 말이다.

근본악

계몽주의자 이마누엘 칸트에 따르면, 우리에게 도덕의 능력을 선사하는 것은 다름 아닌 자유다. 인간은 짐승과 달리 자주적으로 자신의 경향성을 극복하여 오직 이성에게만 순종한다. 정언명령의 형태로 모든 도덕적 행동의 원칙에 이미 내재하는 이성에게 순종하는 것이다.

"너의 준칙이 보편적 법칙이 되도록 행동하라."[30]

순수한 의무감으로 이런 이성의 명령을 따르는 자만이 도덕적으로 행동한다. 그러나 한 인간이 경향성에 따라 행동하다가 우연히 보편적이 될 수 있는 준칙을 따른다면 이는 도덕과 아무 관련이 없다.

이런 칸트의 도덕관은 당연히 악에 대해서도 전혀 다른 개념을 낳는다. 우리가 본성의 노예가 아니라면 스스로 악을 결정할 자유도 있기 때문이다. 우리가 그런 결정을 내릴 능력이 없다면, 더 정확히 말해 충동으로 인해 어쩔 수 없이 악을 저지른다면 자율에 대해 말하는 것은 아무런 의미가 없다. 그래서 칸트는 어떤 행위를 악하다고 분류하는 것은 악을 저지를 자유에 기인한 것이라고 보았다.

"한 사람을 악하다고 (……) 부르는 이유는 그가 악한 (법을 어기는) 행위를 하기 때문이 아니라 그 행위들이 그의 마음속에 있는 악한 준칙들을 불러올 수 있게 하는 성질의 것이기 때문이다."[31]

칸트는 논문 〈선의 원리와 함께 내재하는 악의 원리에 관하여, 또는 인간 본성 안에 있는 근본악에 관하여〉에서 이렇게 말했다.

그러나 악한 인간은 쾌감을 만끽하는 것이 아니라 '의식적으로' 악한 준칙을 선택한다는 결론은 선을 옹호한 칸트를 궁지로 내몰았다. 이성이 우리에게 선한 준칙만 제공하는데 어떻게 우리가 이런 선택을 한단 말인가? 그게 아니라면 이성이 악을 원할 수도 있는가? 칸트는 이 딜레마에서 빠져나오는 출구를 몰랐고, 따라서 자신이 주장한 자유를 살짝 철회하면서 선의 준칙보다 악의 준칙을 선호하게 만드는 '악의 성향'[32]을 들먹였다. 그러나 근본악은 결국 인간의 본성에 그 뿌리를 둔다.

숭고한 악

그 뿌리를 완전히 뽑은 건 다른 사람이었다. 신성을 모독한 자, 공화주의자, 외설 작가 사드 후작Marquis de Sade은 칸트와 같은 시대를 살았던 사람이다. 그는 파리의 감옥에서 '쾨니히스베르크의 의무윤리학자'(칸트)라면 감히 꿈도 꾸지 못했을 문제를 끝까지 파고들었다. 바로 이성의 명령으로 선택한 악에 대한 것이었다.

보상해줄 신이 없다면 무엇 때문에 도덕적으로 행동해야 하는가? 사드의 소설《미덕의 불운justine und Juliette》에서 강간과 살인, 암살을 일삼는 '리베르탱^{libertin}'(해방된 자)들 역시 정언명령을 따른다. 즉, 그들에게서 도구적 이성을 빼앗고 나아가 최고의 극기를 요구하는 엄격한 악의 의무를 따르게 하는 것이다. 그러기에 리베르탱인 클레윌 _{Clairwil}은 이렇게 외친다.

"내가 보기에 그녀(쥘리에뜨)는 여전히 음탕한 행위를 부추기려고 악행을 저지르는데, 그러지 말고 악에 대한 순수한 욕망으로 악행을 저지르라고 요구하는 바다."[33]

악에 대한 '순수한' 욕망은 뜨겁지 않고 얼음처럼 차갑다. 진정한 악은 냉담하며 그 행위는 정확한 계산과 엄격한 안무를 거쳐 철저하게 실행된다. 초인주의에 가까운 이런 냉담함은 안데르스 브레이비크 같은 살인마에게서 우리가 가장 충격을 받는 지점이다.

하지만 그런 인간이 〈양들의 침묵〉에 나오는 한니발 렉터나 〈노인을 위한 나라는 없다〉에 나오는 전문 킬러 하비에르 바르뎀과 같은 영화의 주인공이 되면 우리는 그들에게 완전히 매혹된다. 극장 의자에 앉은 우리는 사드의 쥘리에뜨처럼 숭고한 악을 즐기기 때문이다.

그렇다. 아마 현실의 범죄와 마주칠 때도 매력과 혐오는 많은 사람들이 인정하고 싶진 않겠지만 훨씬 더 가까이 붙어 있다. 2001년 9월 11일 비행기가 국제무역센터 빌딩으로 돌진하는 장면을 인터넷으로 한 번 이상 돌려보지 않은 사람은 거의 없을 것이다. 작곡가 카를 하인츠 슈토크하우젠Karl-Heinz Stockhausen은 그날의 테러를 이렇게 표현했다.

"그러니까, 그날 일어난 사건은 지금껏 존재한 최고의 예술 작품이다. 이런 사건 속에서 나는 음악적 영감을 얻는다."[34]

평범한 악

악을 선택할 자유는 오늘날에도 여전히 시류에 맞는다. 20세기 초 상상을 뛰어넘는, 도저히 설명할 수 없는 끔찍한 범죄가 일어났다. 1951년만 해도 한나 아렌트는《전체주의의 기원》에서 홀로코스트를 칸트가 말한 근본악이라고 평가했다. 어쨌든 600만 명이나 되는 유대인을 학살한 것은 시기심이나 악감정, 소유욕으로는 도저히 설명이 불가능하고, 아무 동기도 없는 인간의 근본악만이 그런 행위를 설명할 수 있다고 말이다. 하지만 10년 후 아렌트는 〈뉴요커〉의 법원 취재 기자 자격으로 예루살렘에서 열린 아돌프 아이히만의 재판을 참관했다. 책상에 앉아 유대인 학살을 관리하고 실행했던 아이히만을 만남으로써 그녀는 예전과는 전혀 다른 결론을 내린다.《예루살렘의 아이히만》에서 그녀는 이렇게 말한다.

"아이히만이라는 인물에게서 걱정스러운 점은 바로 그가 수많은 사람들과 같았으며, 그 수많은 사람들이 변태나 사디스트가 아니라 놀랍고도 충격적일 정도로 평범했으며 또 평범하다는 사실이다."[35]

바로 이런 '평범성'이 아렌트가 근본악의 개념을 버리고 '악의 평범성'을 주장하게 된 계기다. 평범한 악은 충격적일 정도로 아무 생각도 없고 반성도 없다. 평범한 악의 특징은 바로 "자신의 범행을 스스로 인식할"[36] 수 없는 무능력이다. 아이히만은 그저 의무를 다했을 뿐이다. 그는 자신의 행위를 도덕적으로 의심할 수 있다는 생각을 한 번도 해본 적이 없었다.

수수께끼 같은 타자와
용서의 힘

빛에 과하게 노출된 흑백사진 한 장이 놓여 있다. 집을 나가기 직전 서른셋의 엄마 사진이다. 엄마의 얼굴과 긴 금발 머리, 어깨가 보인다. 눈은 검게 화장을 했고 입은 꾹 다문 채 심각한 표정으로 카메라를 응시하고 있다. 아니, 카메라의 눈길을 피하고 싶은 듯 살짝 렌즈의 위쪽을 보고 있다. 이 순간 엄마는 무슨 생각을 했을까? 집을 나갈 것이라는 것을 알았을까? 결심을 굳혔을까? 마음이 갈팡질팡했을까? 양심의 가책을 느꼈을까?

사진은 답을 주지 않는다. 그늘 진 입은 침묵하고 있다. 나는 그저 생각하고 추측할 수밖에 없고, 거듭 이해하려 노력할 수밖에 없다. 엄마의 입장이라면 나는 어떻게 했을까? 당시의 엄마처럼 누가 봐도 불행했다면 나도 엄마와 똑같은 행동을 했을까? 하지만 아무리 골똘히 생각해도 결론에 이르지 못한다. 결국 당사자는 내가 아니라 엄마니까. 당시의 엄마가 무슨 생각을 어떻게 했는지 내가 어떻게 안단 말인가? 나 자신을 문제의 기준과 출발점으로 삼아본들 무슨 소용이 있겠나? 아니, 오히려 엄마와 더 멀어지기만 한다.

인식론의 근본적인 문제가 여기에 있다. 타인을 아무리 이해하고 싶어도 우리는 우리의 의식 공간에 갇혀 있고 상대를 자신의 논리로 환원한다. 이런 이해의 한계를 가장 명확히 지적했던 사람이 철학자 에마뉘엘 레비나스다. 이는 타자의 '얼굴'에서 드러나는 한계다.

"얼굴은 소유를, 나의 능력을 벗어난다. 얼굴의 현현Epiphanie에서, 표정에서 가까스로 파악할 수 있었던 구체적인 것이 포착을 거부하는 완벽한 저항으로 바뀐다."[37]

타자의 얼굴에 나타나는 것은 우리가 절대 파악할 수 없는 '무한성'이다. 그의 절대적 타자성은 그 어떤 이해의 범주에도 끼워넣을 수 없다. 한 인간의 눈을 바라보면 우리는 그 무한성에 빠져 익사하고 바닥이 없는 호수로 추락한다.

그런데 이것이 인간관계와 무슨 상관이 있는가? 레비나스의 말대로라면 상대적일 뿐 아니라 완전히 다른 타자와의 관계는 어떤 것인가? 앞서 말한 사진 속 엄마의 얼굴을 볼 때면, 속을 알 수 없는 엄마의 검은 눈동자를 바라볼 때면 나는 그녀의 비밀을 알아내기 위해 그 동공 속으로 뚫고 들어가고만 싶다. 나라는 존재를 그렇게 고통스러운 방식으로 지워버린 엄마의 다름을 제거하고 싶다. 하지만 엄마에게 범접할 수 없는 신성함을 선사하는 것 또한 바로 그 속을 알 수 없다는 점이니….

이런 의미에서 레비나스 역시 타자와의 관계를 살의와 경외심 사이를 위태롭게 오가는 극도로 모순적인 관계로 설명한다. 이해를 피해 달아나는 것은 파괴를 자극한다.

"살해는 지배가 아니라 파괴이며, 절대적인 이해의 포기다. (……) 얼굴에서 표현되는 타자성은 총체적 부정을 가능하게 하는 유일한 대상이다."[38]

살해 충동은 저 너머에 내가 들어갈 수 없는 왕국은 존재하지 않아야 한다는 나르시즘적 소망의 표현이다. 타자를 이해하지 못할 바에야 차라리 그를 죽이는 편이 나은 것이다! 하지만 다른 한편으로 상대의 무한성이야말로, 상대를 분석 가능한 주체로 환원시킬 수 없다는 사실

이야말로 살인을 막아준다.

"살인을 막는 이런 무한성은 이미 그의 얼굴에 담겨 있어서 우리에게 저항한다. 그의 얼굴에서, 그의 얼굴로, 원초적 표현이며, '너는 살인을 저지르지 않을 것이다.'라는 첫마디다."[39]

레비나스는 이 첫마디에서 "그의 눈을 보호하지 않고 완벽하게 노출"함으로써 타자의 얼굴에서 반짝이는 '윤리적 저항'의 경험이 드러난다고 여긴다.

"윤리적 저항에서는 무한한 것이 얼굴로 나타난다. 윤리적 저항은 나의 능력을 마비시키고, 헐벗고 굶주린 채 무방비인 눈동자의 심연에서 단호하게 벌떡 일어서기 때문이다. 이런 가난과 굶주림에 대한 이해는 타자와의 진정한 친밀감을 조성한다."[40]

그러므로 역설적이게도 깊은 공감을 불러일으키지만, 어쩔 수 없이 살의를 심연에 품는 것도 바로 타자를 완벽하게 이해할 수 없기 때문이다.

그렇다면 이렇게 이해할 수 없다는 사실이 용서의 문제에 어떤 결과를 초래할까? 타자를 결코 이해할 수 없다면 그를 결코 용서할 수도 없을까? 레비나스의 생각은 다르다. 타자의 완벽한 '타자성'을 깨닫는다는 말은 곧 나는 만물의 척도가 아니라는 의미다. 타자를 나와 나의 요구, 나의 선악 관념에 따라 평가하지 않으며, 흔히 존재한다고 착각하는 보편적인 종의 특성 등을 평가의 척도로 삼지 않는다는 의미다. 완전히 다른 사람과의 만남은 나를 비극적이고도 거짓된 이기심에서 풀어주며 "이기주의의 무게"[41](나의 증오, 보상 욕구 등)를 덜어내고 그 빈자리에 "절대적 타자로서의 타자를 만들어낼" 수 있는 '선'의 도덕성을 채워넣는다.[42]

선하다는 것은 확실하다고 착각하는 자기 존재의 입장에서 타자를 파악하지 않는다는 뜻이다. 그렇다. 타자의 저 너머에 있으며 타자와 무관한 존재는 존재하지 않는다는 것이 레비나스의 생각이다. 그래서 그는 "대면은 오히려 존재의 원초적 사건이다."[43]라고 말한다. 레비나스의 이 말이 전하고자 하는 바는, 인간의 존재는 그 자체로는 비어 있고, 이런저런 성질을 갖지 않으며, 타자와의 관계에서만 존재한다는 것이다. 나는 타자를 보며, (헤겔의 믿음과 달리) 나를 인식하지도, 되비추지도 못하는 완전히 다른 사람과의 관계를 통해서만 존재한다.

하지만 존재 자체가 타자와의 관계 덕분이라면 타자에게는 그 존재를 다시 한번 새롭게 살게 할 힘도 어느 정도는 있지 않을까? 죄를 지은 주체에게 부활과 비슷한 것을 선사할 힘 말이다. 레비나스의 말이 바로 그런 뜻이다.

"완전히 다른 타자만이, 그가 설사 내 아들이라 할지라도 (……) 과거와의 끈을 다시 묶을 능력이 있다. (……) 현실은 존재하는 것이지만 다시 한번 존재할 것이며, 다시 한번 자유롭게 시작되고 주어질 것이다."[44]

존재했던 것은 타자를 통해 새롭고도 다르게 부활할 수 있다.

"용서의 역설은 뒤로 향하는 작용에 있다. 일상적인 시간의 입장에서 보면 용서는 자연적인 질서의 역행이며 시간의 역행 가능성이다. (……) 용서는 흘러간 순간과 관련되며 흘러간 순간에 없었던 주체에게 마치 그 순간이 흘러가지 않은 것처럼, 주체가 그곳에 있었던 것처럼 그렇게 존재하도록 허락한다."[45]

'~처럼'은 당연히 실제로는 시간이 되돌아가지 않으며, 일어난 사건을 실제로 일어나지 않은 것으로 만들 수 없다는 사실을 지적한다. 죄 역시 용서의 행위로 없어지는 것이 아니다. 하지만 용서에는 과거를 다르게 보이도록 만드는 힘이 있다.

"용서는 과거에 영향을 미치며 그 사건을 정화함으로

써 일정 정도 그 사건을 반복한다."⁴⁶

　이 문장은 위로가 된다. 하지만 실제로도 그럴까? 용서가 가능한 것은 정말로 도저히 메울 수 없는 이해 불가능성의 틈 덕분일까? 그보다는 그 틈을 메우려는 부단한 노력 덕분이 아닐까?

딸을 죽인 살인범을
용서할 수 있을까

───────────○───────────

"다음 정차 역은 빈넨덴입니다."

스피커에서 나온 방송을 듣고 나는 기차에서 내렸다. 푸근한 가을의 어느 하루, 정확히 말하면 오늘은 10월 12일, 우리 엄마의 생일이다. 왜 내가 하필이면 이날 딸을 잃은 어머니를 찾아가는지, 그 질문이 내 의식의 주변부에서 번뜩였지만 나는 얼른 고개를 젓고 길에 집중했다. 가죽 재킷을 들고 소도시를 걸으면서 나는 그곳의 평범함에 살짝 감탄하고 놀랐다. 신호등마다 경고문이 적힌 표지판이 걸려 있었다.

"아이들에게 모범이 됩시다!"

그 무엇도 2009년 3월 11일을 떠올리지 않았다. 그날

열일곱 살의 팀 크레취머가 이곳의 알베르트빌레 실업학교에서 아빠의 사격 총을 난사하여 열다섯 명의 목숨을 빼앗고 결국 자살했다. 희생자 대부분은 학생들이었다. 하지만 세 명의 교생도 끼어 있었다. 그중 한 명이 니나 마이어Nina Mayer다.

30분 후 나는 그녀의 어머니와 마주 앉아 있었다. 긴 갈색 머리의 날씬한 여성이었다. 우리가 앉아 있는 곳은 '빈넨덴 총기 난사 사건 대책위원회' 사무실이었다. 위치는 시내 쇼핑센터에서 멀지 않으며, 니나의 어머니인 기젤라 마이어도 위원회 설립에 공동 참여했다. 홍차 두 잔이 우리 앞 책상에 놓여 있고 닫힌 문으로 진공청소기 소리가 들렸다. 오늘은 토요일이고 토요일마다 도우미가 오기 때문이다.

"처음에는 별로 대수롭지 않게 생각했어요. 너무나 평범한 날이었거든요."

철학을 전공한 기젤라 마이어는 눈에 띄게 단호한 말투로 이야기를 시작했다. 그녀는 가장 일상적인 일을 처리하는 중이었다. 장을 보았고 물건을 샀다.

"그런데 누가 이런 말을 하는 거예요. 알베르트빌레 실업학교에서 누가 총을 쐈대."

그 순간 그녀는 2002년 에르푸르트의 구텐베르크 김나지움에서 일어났던 총기 난사 사건을 떠올렸다.

"나는 이렇게 생각했죠. 쯧쯧, 학생들이 창문으로 의자를 던져서 화가 났구나. 그래서 몇 발 총을 쏘았나 보네. 전혀 걱정을 안 했죠."

그 직후 다시 누군가 그녀에게 같은 말을 했다. 그리고 세 번째로 "총을 쐈대."라는 말이 들렸다. 그녀는 전화기를 들고 딸에게 전화를 걸었다. 연락이 안 되었다.

"지금은 알죠. 그때 이미 딸은 죽었어요."

기젤라 마이어는 잠시 말을 멈추고 차를 한 모금 마셨다.

"우리 딸은 복도에서 죽었어요. 막 교생이 된 참이라 겉으로 보면 고학년 여학생과 구분이 잘 안 되었죠. 동료 두 명과 함께 그 복도를 걸어가고 있었어요. 그러다 갑자기 그와 마주친 거죠."

이제 곧 5주년이 된다. 돌이켜 보면 그녀도 수용의 단계들을 거쳤다.

"초기에는 범인의 이름조차 들을 수 없었어요. 고통을 피하려고 거리를 두었고, 도저히 범인을 인간으로, 그 범행을 인간의 행위로 인정할 수가 없었어요. 일어난 모든 일을 자연 재앙이라 여겼어요. 어쩔 도리 없이 받아들일 수밖에 없는 재앙이라고 말이에요."

이 무기력과 쇼크의 단계가 지나자 적나라한 분노가 터져 나왔다.

"범인의 이름을 입에 올릴 수 있게 된 순간 나는 그의 범행이 하나의 행위였고, 따라서 하지 않을 가능성이 있었다는 사실을 깨달았어요. 물론 그것을 깨달았다고 해서 용서하고 싶은 마음이 생기지는 않았지요."

그러다 아주 서서히 연관 관계를 추적하는 단계가 시작되었다.

"알고 싶었어요. 어떻게 했기에 한 인간이 그런 결심을 하게 되었을까? 그것을 추적하면서 비로소 용서의 한 걸음을 떼어놓을 수 있었어요. 아홉 달 전부터 나는 이 길을 걷고 있어요."

그 길이란 어떤 것일까? 어떤 기분이 들까?

"엄청난 해방감을 느끼죠. 산에 오르다 수목한계선을 지났을 때 같아요. 더 자유롭게, 더 깊게 숨을 들이쉬는 거죠. 더 청명한 공기를 들이마셔요. 그렇게 더 넓어지고 더 확장된 시선으로 그 행위를 더 큰 맥락에서 볼 수 있고 또 이렇게 물을 수 있답니다. '이런 살인으로 그가 진정으로 하고 싶었던 말은 무엇일까?'"

지금 기젤라 마이어는 팀 크레취머에 대해 당시 "그 자신이 무슨 짓을 하는지 몰랐다."고 생각하는 쪽이다. 물론 그 말이 그가 계획 없이 충동적으로 행동했다는 뜻은 당연히 아니다.

"그는 누가 봐도 사전에 훈련을 했고, 시간을 들여 범행을 계획했습니다."

이런 의미에서 보면 그는 분명히 알고 있었다. 하지만 이 말이 아니다. 다른 사람들은 직관적으로 아는 것을 범인은 이해하지 못했다는 뜻이다.

"의식적으로 한 생명을 죽이려면 일단 먼저 삶의 의미를 이해해야만 합니다. 살아 있다는 것이 무엇인지를 이해해야 합니다."

이런 삶의 의미가 자동적으로 모든 존재에게 주어지는 것은 아니다. 팀 크레취머는 우리가 삶이라 부르는 것을 찾아 헤맸지만 결국 찾지 못하고 절망했다.

'그 모든 일이 일어나고 나서' 한참 후에 기젤라 마이어는 팀 크레취머를 잘 아는 한 소녀로부터 그의 집안 분위기를 전해 들었다. 그녀의 말대로라면 아이는 자기 집에서도 남의 집에 온 사람처럼 진정으로 환영받지 못한다고 느꼈던 것 같다. 그래서 그 아이는 정말이지 외로웠을 거라고 기젤라 마이어는 말한다. 아버지는 남자라면 자고로 무기를 소지하고 가족 위에 군림해야 한다는 식의 터무니없는 남성상을 추구한 사람이었다.

"그 아이는 그런 성격이 아니었어요. 그러니 아버지의 남성상에 맞추기가 무척 힘들었을 거예요. 하지만 조금 더 자라자 오히려 그 남성상에 과도하게 집착하게 되고, 폭력이 유일한 관계의 형태인 자기만의 세계를 만들었던 거죠."

팀 크레취머의 세상은 가상이었고 컴퓨터 게임과 폭력 영화로 얼룩졌다. 게임과 영화는 부모가 조달해주었다. 절대로 해서는 안 될 짓이었다. 어쨌거나 팀은 사건 당시 겨우 열일곱 살이었다. 어머니가 가족 내에서 어떤 역할을 했는지, 아들을 어떻게 대했는지는 기젤라 마이어도 모른다. 그것이 그녀가 풀지 못한 유일한 수수께끼다.

"그 어머니는 지금까지도 종적이 묘연해요. 한 번도 본 적이 없어요. 사진으로도 못 봤어요. 재판에도 한 번도 안 나왔고요. 제가 아는 것이 전혀 없어요. 유령 같아요."

아이의 어머니가 그전부터 세상과 담을 쌓았다는 추측만 무성하다. 분명 그녀는 아들에게도 무관심했을 것이다. 아들이 무슨 짓을 하는지, 무슨 짓을 안 하는지 아무

관심도 없었을 것이다.

　가족에게 인정을 받지 못한 상황은 당연히 교우 관계에도 영향을 미쳤을 것이다. 아이는 학교에서도 친하게 지내는 친구가 없었다. 특히 여학생들과는 전혀 교류가 없었다. 범행 직전인 2008년 마지막 날 그는 평소 마음에 두었던 같은 반 여자 친구에게 접근을 하려다 매몰차게 거절당했다.

　"그 일이 결정적인 계기가 되었을지도 몰라요."

　팀 크레취머가 여학생과 여성들에게만 총을 쏘았던 것은 분명 우연이 아니었을 것이다. 남학생은 딱 한 명 죽었는데, 그는 '실수로 인한 피해자'였다.

　"어머니의 거절이 훗날에 일어난 모든 일의 근원이었을 가능성이 높아요. 아마 여학생들에게 계속 거절당하면서 트라우마가 반복되었겠지요."

　범행을 이해하려 애쓰는 자신의 부단한 노력을 그녀는 어떻게 설명할까?

　"이해를 하면 무조건 감수해야 할 때보다 견디기가 수월하죠."

　하지만 분명 개인적인 성격도 큰 몫을 한다고 그녀는 생각한다.

"저는 무슨 문제든 일단 이해를 하려고 노력하는 사람이에요. 철학과 심리학, 결정학을 전공했거든요. 결정학은 이물질 물리학 같은 겁니다. 결정과 결정의 구조를 다루지요. 저는 결정이 어떻게 외부의 압력이 있어도 그것을 물리치고 내부 구조를 실현하는지 그것에 관심이 아주 많아요."

그 말은 사람에게도 해당되는 것 같다고 내가 말했다.

"네, 그렇게 볼 수도 있겠네요."

기젤라 마이어가 진지하게 대답했다. 그녀는 다시 창밖을 내다보며 잠시 입을 다물었다. 그러더니 고개를 돌리지 않은 채로 이렇게 말했다.

"우리 딸은 그냥 피해자가 아니에요. 그 아이가 피해자였던 순간은 10분의 1초에 불과했어요. 그전에는 한 인간이었어요. 범인도 그랬죠. 그러니까 그 아이를 범인이었던 그 몇 시간으로 환원시킬 수는 없다는 거예요."

이런 깨달음 역시 용서의 중요한 동기다. 하지만 용서의 길을 아무리 멀리 걸어갔다 해도 사건이 일어나기 전으로 다시 돌아가지는 못한다.

"나는 이제 두 번 다시 우리 딸이 살해당하기 전의 상태로 돌아갈 수 없어요. 그러기에 용서의 과정 역시 결코 끝나지 않죠. '용서했어.'라는 말은 해서는 안 될 말이에요. 절대 다시 좋아지지 않으니까요."

나는 기젤라 마이어에게 '용서'와 '죄 사함'이 차이가 있는지 물었다.

"아, 물론 차이가 있죠."

죄 사함은 '한 차원 높은' 곳에서 일어난다고 그녀는 말했다. 그건 신이 하시는 일이라고. 그녀는 상대가 누구든 자신이 그의 죄를 사했다고 주장하지 않는다고 한다. 죄 사함이란 죄를 없애는 것이다. 그건 그녀가 할 수 없는 일이다. 인간의 능력을 넘어선다. 죄는 거기에 있다.

"나는 그 행위를 용서하지 않아요. 이해하려 노력하면서 그것을 정당화하지도 않아요. 용서란 정당화한다는 뜻이 아니에요."

팀 크레취머보다 더 힘든 조건에서 성장하고도 사람을 죽이지 않는 사람들이 있다. 기젤라 마이어는 인간의 자유를 믿는다. 우리 모두의 행동은 결정되어 있고 결국 뇌의 기질이 우리의 삶을 결정한다는 뇌과학자들의 주장을 그녀는 틀렸다고 생각한다.

그러므로 그녀가 용서한다고 말할 때는 다른 의미다. 총을 제대로 간수하지 못한 아버지를 벌하는 등의 방식으로 죄를 갚아주고 싶은 욕구도, 그럴 필요도 그녀는 느끼지 못한다.

"벌을 주면 다시 좋아질 것이고 나아가 그 아버지가 깨우침을 얻을 것이라고 단 1초도 믿었던 적이 없어요. 그건 있을 수 없는 일이지요. 그래요. 죄는 존재하지요. 하지만 벌은 정답이 아니에요."

어느 정도의 형량이 적당하다고 생각하는지 사람들은 그녀에게 자주 물었다.

"열다섯 명을 살해했는데 무엇이 적당할까요?"

그보다는 그 인간이 죄에 빠진 존재라는 것을 인정해야 할 것이다. 기젤라 마이어가 머리를 쓸어 넘기고 찻잔을 만지작거렸다. 물론 그녀에게도 용서의 의지가 한계에 달할 때가 있을 것이다. 사람들은 그런 사건을 '아모크Amok'라 부른다. 아모크는 분노의 폭발을 일컫는 말레이어다. 하지만 아모크가 진짜로 충격적인 것은 범인의 냉혈성이다.

"범인의 감정 상태가 평소와 다르지 않지요."

팀 크레취머 역시 그랬다. 목격자들의 말을 들어보면 그는 너무나 평온한 상태로 학교를 어슬렁거렸다.

"아드레날린 수치가 치솟지도 않았고 흥분을 한 것도

아니었어요. 모든 것이 너무나 통제된 상태였죠."

그럼에도 팀을 '악의 화신'으로 바라보기에는 그녀의 마음에서 뭔가가 저항을 했다.

"악은 의미와 무관한, 순수한 파괴의 욕구예요. 그건 이해할 수가 없어요."

시간이 꽤 지났다. 45분 후면 기차가 출발할 것이다. 하지만 그 집을 나오자 내 발길은 저절로 반대 방향인 알베르트빌레 실업학교 쪽으로 향했다. 나는 걸음을 재촉했다. 거리가 예상보다 멀었다. 학교에 도착해서 기념비를 바라보았다. 총기 난사 사건을 기억하는 경고의 기념비였다. 하지만 내 눈에 들어온 것은 지극히 평범한 학교뿐이었다.

15분 후 나는 기차에 올랐다. 밖으로 가을 풍경이 휙휙 지나갔다. 문득 어린 시절이 떠올랐다. 그 시절 '두 번 다시' 돌아오지 않겠노라 대놓고 선언하고서 집에서 도망치고 싶은 마음이 얼마나 굴뚝같았는지 모른다. 하지만 두 블록 떨어진 곳까지 오면 아무 돌에나 걸터앉아서 엄마가 지금 당장 나를 발견하고는 찾았다는 기쁨에 나를 품에 꼭 안아주는 행복하고도 따뜻한 상상을 했다. 몇 분 동안 노을을 더 바라보다 나는 꿈도 없는 깊은 잠에 빠져들었다.

훗날 인터넷에서 그 학교에 기념석들이 있다는 글을 읽었다. 꽃밭의 울타리로 쓰이는 회색의 작은 담 바로 뒤에 꽁꽁 숨어 있다고 한다. 그 담이 기억나긴 했다. 시간이 너무 촉박해서 그 뒤에 숨은 돌들을 못 보았을까? 아니면 못 본 것이 당연했을까? 꽃밭에는 희생자 한 사람당 한 개의 석판이 있다고 한다. 그리고 그 석판들 사이에 두 개의 편평한 돌이 있는데, 그중 한 개에는 이런 글이 적혀 있다고 한다.

"우리는 총기 난사 사건의 희생자를 기억하고 폭력 없는 미래를 바란다."

다른 돌에는 이렇게 적혀 있다.

"사람은 가도 사랑은 남는다."

'살상 무기를 사격 스포츠 총으로 판매하지 마라'는 이름의 이니셔티브 대변인 로만 그라페Roman Grafe는 이런 식의 말들을 '달콤한 소스'라고, 무책임하다고 비판한다. 폭력 없는 미래는 결코 오지 않을 것이기에 그 문장은 '결코 오지 않은 날'을 가리키고 있다고 말이다. 또 사람이 '간 것'도 아니다. 그 사람들은 "합법적 킬러 게임에 무뎌진 한 아이"의 손에 '합법적 무기'로 살해당한 것이다. 그런 의미에서 그 총기 난사 사건은 단순한 비극적 사건 이상이다. 중요한 정치적 사건인 것이다.

기념석에 대한 비판은 결실을 거두었다. 내가 빈넨덴을 다녀온 뒤 6개월 후인 2014년 3월 11일 학교가 보이는 시립 공원에서 기념비 제막식이 거행되었다. 조각가 마틴 쇠나이히Martin Schöneich가 제작한 8톤 무게의 기념비는 총기 난사 사건의 희생자들을 기린다. 제목은 '깨진 반지'다.

2

용서는

사랑한다는
뜻일까

1976년 2월 8일

"사랑하는 나의 딸, 얼마 만에 다시 글을 쓰는지 모르겠다. (……) 내일이면 우리 딸이 태어난 지 벌써 6개월이야. 시간이 정말 쏜살같이 지나가는구나. (……) 너는 벌써 뒤에서 받쳐주면 앉고 잡아주면 일어서. (……) 아빠와 나는 시험도 쳐야 하고 일도 해야 해…. 아빠는 그것도 모자라 토요일과 일요일까지 교대 근무를 하고 있지. 너한테 일이 힘들다고 투덜대려는 건 아니야. 하지만 매일 너를 할머니에게 보내야 하고 하루 종일 보지 못하는 것이 너무 힘들어. 물론 할머니가 다 알아서 척척 해주지만 그래도 낮에는 네 생각이 자주 나서…."

사랑은 초록색이고 등이 검다. A4 사이즈의 종이들은 살짝 색이 바랬고 파란 잉크로 쓴 글자가 적혀 있었다. 내가 태어나자 당시 스무 살이던 엄마는 나의 '일대기'를 쓰기 시작했다. 첫 페이지에 정성이 들어간 큰 글자로 '일대기'라고 적혀 있었다. 엄마는 나의 이야기를 소소한 일상에서부터 큰 사건과 결별에 이르기까지 풀어놓았다. 하루의 일과, 내가 할 수 있는 말, 잠자는 시간, 먹는 시간, 내가 걸린 병, 휴가, 내가 태어난 시대의 정치적 상황, 냉전, 핵무기에 대한 성찰… 심지어 내가 세 살 때 내 친아버지와 이혼한 이야기와 나의 새아버지가 된 새로운 인생 동반자와 그의 딸들이 사는 집으로 들어간 이야기, 여동생의 탄생까지….

1988년 5월 30일, 엄마가 두 번째 남편과 우리를 떠나기 직전 기록은 갑자기 중단되었다. 그 뒤의 페이지는 텅 비어 있었다.

나는 '내 책'을 소중히 보관했다가 기회 있을 때마다 꺼내 읽으며 지침을 찾는다. 읽을 때마다 내가 느끼는 감정은 위안, 고통, 슬픔이다. 나에게 일어났던 그 일은 어떻게 일어날 수 있었던 것일까? 정말로 악한 의지가 내 엄마를 끌고 갔을까? 이 책이 엄마가 나를 사랑했다는 명백한 증거가 아닐까? 엄마가 절대 나를 사랑하지 않았다고 확신할 수 있었다면 엄마를 증오하고 엄마와 완전히 인연을 끊기가 훨씬 더 수월했을 것이다. 하지만 몇 년에 걸쳐 끈기 있게 내 책에 적어넣은 한결같은 글자들을 보고 있노라면 너무나도 깊은 애정이 나를 덮쳐왔다.

말없는 가출, 우리를 대하던 그 냉기, 집을 나간 후 우리에게 "너희가 원했잖아!"라는 메시지를 넌지시 전달하던 엄마의 자기 정당화. 그 모든 것이 엄청난 착각은 아니었을까? 다른 대안이 없어서였을까? 절대 되돌릴 수 없도록 확실하게 잘라버리는 방법 말고는 자식과의 이별을 달리 극복할 수 없었던 걸까?

그게 아니라면 나는 그저 진실이 보고 싶지 않은 것일까? 끝없는 사랑이 내 눈을 멀게 한 걸까?

사랑의 힘이
어디까지 미칠까

―――――――――○―――――――――

"내가 네게 말하노니 저의 많은 죄가 사하여졌도다. 이는 저의 사랑함이 많음이라. 사함을 받은 일이 적은 자는 적게 사랑하느니라."(눅 7:47)

한나 아렌트는 예수가 죄 많은 여인에 대해 말한 누가복음의 이 구절을 자신의 책《비타 악티바 혹은 행동하는 삶》47에 인용했다. 아렌트는 예수의 이 말이 용서의 기본적인 한 가지 특징을 지적한다고 말한다. 하지만 좀 더 자세히 들여다보면 이 말은 행위 자체보다 그 행위를 한 사람을 향한다. 행위가 아니라 그 행위의 장본인이 용서를 받는다. 죄를 지은 자의 마음에 깃든 사랑이 그를 높은 곳으로 끌어올리기 때문이다. 하지만 '죄 많은 여인'이 실제로 많이 사랑했는지, 그냥 사랑하는 척만 했는지 어떻게 알 수 있단 말인가? 신이 아닌 이상 우리가 어떤 사람의 속을 훤히 들여다볼 수 있을까?

이 질문에 대한 한나 아렌트의 답은 간단하고도 당황스럽다. 사랑 그 자체가 우리에게 그럴 능력을 준다는 것이다. 사랑의 눈은 '죄인'을 그를 둘러싼 세상에서 떼어내며, 피상적인 잘잘못에 따라 그를 평가하지 않고 그의 본성 깊숙이 침투한다.

사실 따지고 보면 사랑하는 사람은 이유가 있어 사랑하는 것이 아니다. "내가 널 사랑하는 이유는…" 같은 말은 그 자체가 모순이다. 사랑은 우리의 행동과 감정을 정당화하는 데 이용하는 전통적 논리 구조를 넘어서고, 우리의 합리성과 접촉하지 않는 영역으로 들어간다.

아렌트는 말한다.

"이렇게 용서할 마음이 생기는 이유는 사랑이 모든 것을 이해하며 옳고 그름의 차이를 지우기 때문이 아니다. 사랑은 (사랑이 정말로 생겨나는 극도로 희귀한 경우에) 실제 너무나 대단한 자기 노출의 힘을 가지고 있고, 그로 인해 그 사람이 누군지를 알아보는 대단히 놀라운 시선을 가지고 있다. 그런 특징으로 사랑의 대상인 그 사람이 어떤 장

점과 재능을 가졌든, 어떤 점이 부족하든, 어떤 성공을 하고 어떤 실패를 하였든 간에 일체 그에 대한 분별력이 없다."[48]

그러니까 사랑은 눈을 멀게 하는 동시에 눈을 뜨게 한다. 다른 사람들이 칭찬하거나 비난할 수 있는 것에는 눈이 멀고, 그 사람의 진짜 본성에는 눈을 뜨는 것이다. 사랑은 시선을 붙잡는다. 사랑이 아니라면 그 무엇이 한 인간을, 혹은 한 대상을 그토록 자세히 관찰하게 만든단 말인가? 사랑이 없다면 바깥의 껍질을 뚫고 들어가 아무도 알아보지 못하는 것을 볼 만큼 그렇게 자세히 관찰할 수 없다.

진정으로 사랑하는 사람, 타인에게서 사랑을 깨달은 사람은 상대의 코가 휘어져도 물러서지 않으며 당사자에게 너무도 큰 상처가 될 이런저런 실책에도 절대 사랑을 멈추지 않는다. 부정, 배신, 충성심 부족, 그 어떤 잘못도 사랑하는 우리가 상대의 선한 본성을 확신하는 이상 다 용서될 수 있다.

"용서는 사건이 아닌 사람에게만 베푸는 것이다."

아렌트는 말한다.

"부정을 용서한다면 그것을 저지른 사람을 용서하는 것이다. 물론 그렇다고 해도 부정이 부정하다는 사실은 절대 변치 않는다."[49]

부정은 남는다. 하지만 죄의 배상은 요구하지 않는다. '범인'이라 할지라도 그에게 나쁜 의도가 없었다고 사랑하는 사람은 확신한다. 그의 부정한 행위는 보상이나 복수가 아니라 용서의 대상이 되는, 너무나도 인간적인 잘못인 것이다. 하지만 사랑의 힘은 어디까지 닿을까? 더 정확히 말해 어디까지 닿아야 마땅할까? 범인의 참회가 선행되지 않는데도 용서가 가능할까? 그런 용서는 너무 순진하지 않을까?

용서는
신용 대출이다

2012년 가을, 엄마와 나는 쾰른의 라인 강변을 산책했다. 긴 세월이 흐른 후의 첫 만남이었다. 우리는 나란히 걸었다. 엄마는 느리게 걷는 데다 허리 수술을 한 탓에 살짝 다리를 절었다. 나는 엄마의 걸음 속도에 맞추고 엄마의 말에 귀를 기울였다. 어릴 적 그토록 나를 위로해주고 용기와 힘을 주었던 한 여자의 말에….

함께 걷고 대화를 나누는 시간이 길어질수록 나의 시냅스들이 점점 미쳐 날뛰었다. 실제로 엄마의 목소리는 그 많은 세월에도 거의 변하지 않았고, 나는 그때 내 곁을 지켰던 내 젊은 엄마가 지금 나와 나란히 걷는 것 같은 기분이 들었다. 나의 분노는 날아갔고, 모든 중압감이 사라졌으며, '나쁜' 엄마는 더 이상 존재하지 않았다. 어째서일까? 엄마가 산책을 하는 동안 (그전에도 그랬지만) 한마디 참회의 말도 내뱉지 않았는데 말이다. 단 한마디도 참회의 말은 없었다. 그럼에도 나는 내 엄마의 죄를 면제해주었을까?

종교의 사면 행위는 반드시 참회를 전제로 한다. 인간이 진심으로 참회할 때에만 그 죄를 용서받는다. 가톨릭의 고해성사에서는 이런 기도를 올려야 한다.

"악을 저지르고 선을 소홀히 한 모든 잘못을 진심으로 뉘우치나이다. 저에게 자비를 베풀어주소서."

그러면 사제는 이렇게 답한다.

"인자하신 하느님, 성자의 죽음과 부활로 세상을 구원하시고 죄를 용서하시려고 성령을 보내주셨으니 교회를 통하여 이 교우에게 용서와 평화를 주소서. 나는 성부와 성자와 성령의 이름으로 당신의 죄를 용서합니다."

엄마는 죄를 고백하지 않았다. 그럼에도 나는 그녀의 '죄'가 언급할 가치도 없다고 느꼈다. 이 느낌은 거짓이었을까? 내가 나 자신을 속였을까? 그게 아니라면 세속의 용서는 기독교의 고해성사와 다르게 작동하는 걸까?

그렇다면 이렇게 물을 수도 있겠다. 왜 한 인간이 먼저 자신의 행위를 고백하고 그 행위를 진심으로 뉘우쳐야 용서를 받는가? 그렇다. 순서가 뒤바뀐 것은 아닐까? 인간이 그의 행위보다 앞선다는 믿음이야말로 참회를 할 수 있는 중요한 조건이 아닐까? 죄를 지은 대부분의 사람들에게서 자주 목격하는 강한 방어 반응은 사랑이 담긴 피해자의 용서를 통해 풀어질 수 있다. 그렇게 본다면 사면은 참회보다 선행한다. 용서는 말 그대로 신뢰를 바탕으로 주어진 선불인 것이다.

철학자 폴 리쾨르의 말도 그런 의미를 담고 있다.

"주체와 죄의 이런 분리는 신뢰의 표현이며, 주체의 개선 가능성을 믿고 지급한 신용 대출의 표현이다."[50]

죄를 지은 사람에게 용서의 제스처로 지급한 '신용 대출'은 그 죄인에게 저지른 죄를 참회함으로써 그 죄를 뛰어넘는 존재가 될 가능성을 열어준다.

"용서의 하늘 아래에서는 죄인도 자신의 위법이나 과실과는 다른 존재가 될 수 있는 가능성을 인정받는다."

리쾨르의 이 말은 용서의 본질을 설명한다.

"이렇듯 죄인을 해방시키는 이 단어를 하나의 공식으로 압축시킨다면 이러할 것이다. '너는 너의 행위보다 나은 존재다.'"[51]

하지만 가해자 측에서 '오래도록' 참회를 하지 않는다면 어떤 일이 일어날까? 용서하는 쪽에서 착각했던 걸까? 그러니까 신용 대출에는 암묵적인 의무, 즉 죄를 확실히 자백하는 방식의 보상 의무가 들어 있었던 것일까? 내가 어떤 사람에게 "나는 널 믿어."라고 말하거나 굳이 말하지 않아도 그런 의미를 전달한다면, 그 말은 근본적으로 상대가 그런 나의 신뢰에 어울리는 사람으로 판명되리라는 확실한 기대가 아닐까?

보답의 논리:
참회를 하라!

복수의 핵심 원칙은 상환이다. 네가 나에게 한 만큼 나도 너에게 갚아준다. 복수하는 사람은 앙갚음을 한다. 고스란히! 용서를 하는 사람이 가슴 깊이 품은 참회의 바람에도 그런 식의 '앙갚음의 논리'가 깃들어 있다. 내가 복수를 포기하고 너의 죄를 사면한다면 너는 적어도 사의는 표해야 한다. 겸손한 마음을 보여라! 감사의 마음을 보여라! 양심의 가책을 보여라! 내게 무언가를 되돌려다오!

사회학자 마르셀 모스Marcel Mauss에 따르면, 선물을 하고 답례를 받아야 한다는 이런 기대 심리는 자본주의가 낳은 교환가치 논리의 결과물이 아니다. 이미 원시사회에서도 찾아볼 수 있으며, 인간의 마음 깊이 뿌리를 내린 심리다.

모스가《증여론》에서 설명한 대로 선물과 답례는 겉보기에는 '자발적'이지만 좀 더 자세히 살펴보면 이렇다.

"엄격하게 의무적이며 (……) 그것을 이행하지 않을 때는 벌로 사적이거나 공적인 전쟁이 일어난다."[52]

마르셀 모스는 답례도 없이 선물을 그냥 가져서는 안 된다는 이런 암묵적 의무의 중요한 이유를 물건과 영혼의 독특한 결합 때문이라고 주장한다. 이는 마오리족의 전통에서도 확인할 수 있는 사상이다. 선물은 단순한 물건으로 그치지 않는다. 선물은 그 안에 항상 선물을 하는 사람도 담고 있다.

"물건 그 자체가 영혼을 갖고 있다. 따라서 누군가에게 무언가를 준다는 것은 누군가에게 자기 자신의 일부를 준다는 의미가 된다."[53]

이렇듯 선물을 주는 사람의 일부가 들어 있다는 이유로 선물은 그것을 받은 사람에게 권력을 행사한다. 마오리족의 말인 '하우hau'는 '물건의 영혼'을 뜻한다. 하우는 선물을 받은 사람들에게 딱 달라붙어서 "그들이 동등하거나 그 이상의 가치를 지닌 향연, 축제, 선물을 통해서 선물을 준 사람의 재산, 소유물, 노동에 대해 답례할 때까지"[54] 그들을 지배한다. 하우는 어떤 방식이든 선물을 준 사람

에게 되돌아가려 한다. 답례라는 형식으로 자기 목적을
달성해야 비로소 평화를 주고 선물받은 사람을 풀어준다.

이런 원시사회의 믿음이 우리에게도 숨어 있다는 사
실은 생일 때마다 확인할 수 있다. 내가 친구에게 받은 선
물에는 원래 친구도 함께 들어 있다. 친구가 선물과 떼려
야 뗄 수 없이 결합되어 있기 때문이다. 내가 그의 선물에
감사의 인사를 전하거나 답례를 하지 않는다면 나는 그
책을, CD를, 머플러를 한껏 누릴 수가 없다. 양심의 가책
과 죄책감을 느끼고, 마치 그 물건이 사악한 마술을 부리
는 듯한 느낌이 들 것이다. 이런 마술에서 벗어나기 위해
많은 사람들이 선물을 준 사람과 진짜 경쟁에 돌입한다.
누가 더 예쁜 선물을 하나? 누가 더 돈을 많이 쓰나? 누가
더 고심하나?

마르셀 모스는 그런 식의 경쟁으로 '포틀래치potlatch'라
는 이름의 원시사회 선물 교환 풍습을 언급한다. 모스는
특히 북미 원주민 부족에게서 이런 풍습을 관찰한 바 있
다. 포틀래치의 논리는 다음과 같이 요약할 수 있다. 잔치
를 벌여 (무엇보다 물질적인 의미에서) 더 많은 소비를 하는
부족이 사회적 신망을 얻고, 자신의 부를 입증하며, 권력
을 얻는다. 이런 소비는 힘을 과시하기 위해 자신의 재산

을 파괴하는 형태로까지 치닫는다.

"이들 부족에게서 주목할 점은 이 모든 관행을 지배하는 경쟁과 적대의 원칙이다. 최악의 경우 전쟁을 하거나 상대 부족의 추장과 가문을 죽이기도 한다. 반대로 경쟁 부족의 추장을 (……) 앞지르기 위해 순수한 낭비를 통해 축적한 자신의 부를 파괴하는 일조차 불사한다."[55]

소비를 통해 자기의 부를 입증하며 이런 방식으로 상대를 모욕하고 싸움을 도발한다. 네가 뭘 가졌는지 보여봐! 얼마나 통 크게 쏠 수 있는지 입증해봐! 경쟁을 거부하는 자는 상황에 따라 목숨을 잃기도 하며, 설사 그렇지는 않더라도 어쨌든 명예를 잃게 된다.

모스가 포틀래치에 대해 덧붙인 말도 흥미롭다.

"신화에 등장하는 한 추장은 포틀래치를 주지 않아서 '얼굴이 썩었다'고 한다. (……) 명예를 잃는다는 것은 영혼을 잃는다는 뜻이다. 그것은 진짜 '얼굴'이자, 춤출 때 쓰는 가면이고, 영의 화신이 될 권리이며, 문장이나 토템을 지닐 권리이자, 진짜 페르소나이기 때문이다. 전쟁을 하거나 의례를 크게 위반할 때처럼 증여의 놀이인 포틀래치에서 잃는 것 또한 그와 같은 것이다."[56]

물론 현대의 관점에서 그런 의식은 이상할 정도로 낯

설다. 하지만 자세히 들여다보면 그런 의식이 우리 문화에도 얼마나 깊이 뿌리를 내렸는지 잘 드러난다.

우리 주제로 되돌아가서 과장된 용서, 더 정확히 말해 과장된 화해 행위의 핵심 역시 포틀래치의 시나리오가 아닐까? '가해자'와 '피해자'가 서로 누가 더 많이 사랑을 입증하고, 용서 및 참회의 각오를 다질지 경쟁을 벌인다. 피해자의 아량이 가해자의 참회를 대면하는 순간 눈물이 흐르고, 목소리가 떨리고, 서로를 끌어안으며…. 그런 장면들을 보며 우리는 살짝 연출된 듯한, 유치한 면을 간과할 수 없다. 거의 리얼리티 TV 같기도 하다. 시청자는 주인공들의 소비 행위를 보며, 자백과 인정을 보며 기뻐하고, 그 무엇보다 '나쁜' 가해자의 교화를 보며 큰 기쁨을 느낀다. 갑자기 저렇게 겁을 집어먹다니! 저렇게 깊이 참회하는 표정을 짓다니!

이쯤 되면 우리는 옛 문화가 얼마나 쉽게 통속적인 것으로 바뀌는지를 알 수 있다. '죄인'의 자책을 보며 기뻐하는 것이 실상 너무 파렴치하지 않은가? 시청자의 입장이라면 말할 것도 없고 설사 철저하게 피해자의 입장이라 하더라도, 이런 자책을 즐기는 것은 파렴치하다. 자크 데리다는 이렇게 말했다.

"'나는 너를 용서한다.'는 말을 때로 참을 수 없고 혹은 증오스럽게, 심지어 추잡스럽게 만드는 것은 주권의 재궁정 때문이다. 주권은 위에서 아래로 향한다. 자기 자신의 자유를 강화하거나 주제넘게 피해자의 자격으로, 혹은 피해자의 이름으로 용서할 권력을 행사하는 것이다."

나 역시 오랜 세월 동안 엄마가 후회로 힘들어하기를, 양심의 가책으로 괴로워하기를 바랐다. 엄마의 고통은 엄마가 저지른 행위의 대가이며 부채 상환이라고 말이다. 하지만 죄를 정말 고통으로 되갚을 수 있을까? (이 질문의 대답은 뒤에서 할 것이다.) 양심의 가책과 죄의 '등가 원칙'에는 어떤 논리가 숨어 있는 것일까? 우리가 다루는 주제에 중요한 참고 도서가 될 니체의 저서《도덕의 계보학》을 살펴봐야 할 시간이다.

조건 없는
부채 탕감이 가능할까

"어떻게 하면 인간이라는 동물에게 기억을 심을 수 있을까? 한편으로 우둔하고 한편으로 산만한 이 순간의 오성에게, 이 살아 있는 망각에게 어떻게 계속 기억에 남을 인상을 새겨넣을 수 있을까?"

《도덕의 계보학》에 실린 두 번째 논문에서 니체는 잔혹한 '기억 심기' 방법에 이름을 붙이기 위해 이렇게 운을 뗀다.

"인간은 어떻게 생각을 할 수 있는가? 이 태고의 문제는 솔직히 말랑말랑한 해법과 방법으로 해결되지 않았다. 어쩌면 선사시대 전체를 통틀어 인간의 '기억술'만큼 섬뜩하고 무서운 것은 없을지도 모른다. '무엇인가가 기억에 남으려면 낙인을 찍어야 한다. 끊임없이 고통을 주는 것만이 기억에 남는다.' 이것이 바로 지상에서 가장 오래된 (유감스럽게도 가장 오래 지속되기도 한) 심리학의 주요 명제다."[57]

모든 종교 의식의 공통점은 '가장 잔혹한 의례 형식'인 고문과 제물이었으며, 고통은 '기억술의 가장 효과 좋은 수단'[58]이었다. 이 고통이 바로 '양심'의 근원이라고 니체는 말한다. 죄와 고통이 애당초 단단히 묶어 있다는 단순한 이유가 아니라면 무엇 때문에 우리가 '양심의 가책'을 들먹이겠는가? 고통은 '죄 값을 치르는 화폐'다.

도덕과 경제가, 죄와 부채가 그 옛날 얼마나 긴밀한 사이였는지는 이런 개념에서 잘 드러난다. 지금도 우리는 '보상'을 이야기한다. '값을 치르거나 치르지 않았다', '갚았다'는 말을 쓰고, 중세에 빚을 갚을 때마다 금을 그어 표시하던 '어음나무'를 들먹인다. 그래서 니체는 말한다.

"지금까지의 도덕 계보학자들이 예컨대 '죄'라는 중요한 도덕적 개념이 '부채'라는 지극히 물질적인 개념에서 유래했음을 짐작이라도 해보았겠는가?"[59]

도덕의 뿌리는 경제학이다. 그리고 여기서는 "모든 손해에는 보상이 될 만한 등가물이 있으며 심지어 가해자에

게 고통을 주어서라도 실제로 배상받을 수 있다는"[60] 생각
이 핵심이다.

이런 등가의 논리가 지금도 여전하다는 사실은 막대
한 채무를 진 그리스를 대하는 방식에서도 잘 드러난다.
그리스 국민들은 긴축 조치를 강요당하고, 그로 인해 고
통 받고 굶주리며, 자살률도 유의미하게 증가했다. 그리
스 국민의 고통을 보고 싶은 사람은 없다고 모두가 강조
하지만, 강도 높은 개혁은 '고통스럽기도' 한 것이라고 외
치는 이들 또한 다름 아닌 독일 정치인들이다. 고통이 마
땅히 치러야 하는 대가인 것처럼 말이다.

하지만 과연 채권자는 채무자의 고통에 대해 얼마나
알까? 죄는 감정을 통해 얼마나 갚아질까? 니체의 대답은
이렇다. 채권자는 고통을 가하면서 깊은 만족을, 쾌감을
느낀다. 타인의 고통을 즐기는 것이다.

"이 배상 형식 전체의 논리를 자세히 살펴보면 참으로
이질적이다. 채권자는 손해의 대가로 직접적인 이득을 취
하는 대신, 즉 금전, 토지, 온갖 소유물로 배상을 받는 대
신 일종의 쾌감을 맛봄으로써 보상을 받는다. 이는 무력
한 자에게 권력을 마음껏 휘두를 수 있다는 쾌감이며, '악
을 저지르는 즐거움을 맛보기 위해 악을 저지르는' 쾌락

이기도 하며 (……) 남의 고통을 보면 기분이 좋아지고 남을 고통스럽게 만들면 더욱 기분이 좋아진다. 이것은 하나의 냉혹한 명제이지만 (……) 오래되고 강력한, 너무나 인간적인 주요 명제다."[61]

고문이 범죄를 벌하는 통상적인 처벌 방식이었을 때는 이런 '쾌감'을 아주 또렷하게 확인할 수 있었다. 많은 사람이 보는 앞에서 고문을 가하였고 고통의 정도가 위법의 정도를 상징했다. 지금은 문명의 진보와 더불어 처벌 형식도 완전히 달라졌다.[62] 범죄자를 범행과 하나라고 생각하여 죄의 배상을 죄인의 몸에 직접 실행하던 고문 대신 "범죄자와 그가 저지른 행위를 따로 떼어서 보려고"[63] 노력하는 보다 현대적인 형법이 나타났다. 이제는 직접적으로 신체에 가하는 고통이 아니라 징역 같은 추상적인 방식으로 죄를 갚는다.

"공동체의 힘과 자의식이 커지면 형법도 점점 부드러워진다. 그러나 공동체의 힘과 자의식이 약해지고 공동체가 제법 심각한 위험에 처하게 되면 형법은 다시 더 가혹한 형식을 띠게 된다."[64]

'공동체'를 향한 일체의 공격이 더 가혹한 형벌을 불러온다는 이런 니체의 관찰 결과는 2015년 1월에도 확인할 수 있었다. 프랑스 공화국의 심장을 가격한 《샤를리 에브도》 테러 사건이 일어난 뒤 얼마 지나지 않아 극우정당 국민 전선은 사형 제도의 재도입을 요구했다. 살인자들도 희생자들과 똑같이 목숨으로 죄 값을 치러야 한다고 말이다. 물론 니체도 역사를 거시적으로 조망할 때는 형벌의 완화가 지배적이라고 말한다.

"피해를 입힌 자를 '처벌하지 않고' 두는 것, 즉 이처럼 사회에 충분한 힘이 있어 그 안에서 부리는 가장 고귀한 사치를 그런대로 허용할 수 있다는 '힘의 자각'도 얼마든지 생각해볼 수 있으리라."[65]

그러니 역사는 죄를 벌하지 않는 방향으로 나아가는 것일까? 고문, 감옥, 전자발찌, 그다음에는 무엇이 올까? 배상의 포기? 니체도 이런 희망을 품었던 것 같다.

"'무엇이든 변상할 수 있다. 무엇이든 변상해야만 한다.'는 명제로 시작된 정의는 잘못을 너그러이 보아 넘기고 변상 능력이 없는 자를 그냥 내버려두는 것으로 끝난다. 정의는 지상의 모든 좋은 것이 그러하듯 자기 자신을 지양하면서 끝난다."[66]

법적 사면을 옹호한 프리드리히 니체, 그가 경제적 부채 탕감도 옹호했는지는 추측만 가능하다. 그리스는 이 독일 철학자를 보증인으로 삼을 수 있을까? 어쨌든 니체가 그리스인들에게 진심으로 진한 결속감을 느꼈던 것은 확실하다. 죄를 짊어진 기독교에서는 찾지 못해 너무나 고통스러워했던 그 기품과 강인함을 그는 신을 숭배하는 그리스인들의 방식에서 발견했다. 기독교의 신은 자기희생을 통해 영원히 갚을 수 없는 죄책감을 인간에게 심었지만 그리스의 신들은 간음하고 살인하고 모략하면서 모든 죄를 스스로 떠안았다.

"이 그리스인들은 무엇보다도 '양심의 가책'을 떼어버리기 위해, 영혼의 자유를 즐기기 위해 오랫동안 그들의 신들을 이용했다. 그러니까 그들은 기독교가 자신의 신을 이용해왔던 것과는 정반대의 분별력을 보인 것이다."[67]

자유의 선물

불과 몇 년 전 이번에도 독일 철학자 한 사람이 니체의 등가 원칙에 관심을 보이고 그것을 변호했다. 페터 슬로터다이크Peter Sloterdijk는《분노와 시간》에서 니체를 직접적으로 거론하면서 죄와 배상의 대응 관계에 의문을 제기하고 '다른 경제학'의 유토피아를 구상했다.

"다른 경제학은 가치의 상환이 등가 도식을 어쩔 수

없이 사용하기에 나온 허구라는 테제를 바탕으로 삼는다. 등가의 환상에 사로잡힌 영역을 떠나고 싶다면 받은 것과 되돌려준 것의 등호를 의심해야 한다. 나아가 그 등호를 폐기하여 불균형의 사고에 우선권을 주어야 한다."[68]

선물과 답례의 가치가 일치한다는 것을 어떻게 보증할 수 있을까? 보복 행위가 원래의 행위를 변제할 수 있을까? 속죄는 죄를 보상할 수 있을까? 그런 보상 논리는 설사 제 기능을 다한다 해도 대범하게 미래에 투자하지 못하고 경직되게 과거에만 매달리는 것이 아닐까? 슬로터다이크는 이렇게 결론짓는다.

"따라서 트랜스자본주의 경제학에서는 앞을 내다보며 건설하고 선사하며 넘어서는 제스처만이 중요할 것이다. 미래주의적 활동만이 빚을 지고 빚을 지우는 행위에 선행하면서 등가물 교환의 법칙을 부순다."[69]

슬로터다이크의 '다른 경제학'은 '선물을 받은 사람의 의무가 없는' 선물이다. 혹은 부채 탕감과 비슷한, "폭력적인 대출 상환 독촉의 포기"[70]다. 이 지점에서 슬로터다이크는 경제학에서 도덕으로 이어지는 다리를 놓는다.

"(이 다른 경제학을 위한) 도덕적 모델은 도덕적으로는 포기할 수 없지만 심리학적으로는 비현실적인 용서의 제스처다. 죄를 지은 사람에게 그의 행위를 용서해주는 제스처다. 이 제스처로 피해자와 가해자의 관계에서 피해자의 우선권이 사라진다. 피해자는 인간적으로 신뢰할 수 있고 정신 역동적으로 합법적인 복수심을 넘어 가해자에게 다른 시작을 할 수 있는 자유를 되돌려준다. 이런 일이 일어나는 곳에서는 원한의 사슬이 끊어지고 상환의 장사가 중지된다. 피해자 역시 어쩔 수 없는 죄와 속죄의 불균형을 인정한 덕분에 자유를 되찾는다."[71]

이렇게 하면 가해자뿐 아니라 피해자도 짐을 덜게 된다. 되갚으라고 고집을 부림으로써 가해자에게 영원히 종속되어야 하는 짐을 더는 것이다. '다른 경제학'의 도덕적 표현인 '용서'는 배상에 관심을 보이지 않는다. 보상하는 정의에, 종류를 가리지 않는 참회의 고백에 관심이 없다. 그보다는 스스로를 무조건적으로 '건설하고 선사하고 넘어서는 제스처'로 해석한다.

하지만 우리 문화에 깊이 뿌리내린 교환 논리를 어떻게 해야 버릴 수 있을까? 어떻게 해야 다른 경제학의 유토피아적 영역으로 들어갈 수 있을까?

무조건적인 사랑과
무조건적인 용서

───────────○───────────

결코 갚을 수 없는 부채가 있다. 그 양이 너무나 엄청나서 무슨 수를 써도 절대로 되갚을 수가 없다. 많은 경제학자들은 그런 경우 부채 삭감이 유일한 합리적 해결책이라고 생각한다.

도덕적 죄 역시 갚을 수 없을 때가 있다. 흔히들 말하는 배상을 통해서도, 위자료를 통해서도, 진심에서 우러나온 참회의 고백을 통해서도 갚을 수가 없다. 바로 그렇게 근본적으로 절대 갚을 수 없는 죄야말로 용서의 대상이라고 프랑스 철학자 자크 데리다는 말했다. 경제적 부채 삭감과 도덕적 죄의 사면은 이 점에서 비슷하다.

용서할 수 없는 죄만이 배상을 포기할 필요가 있다. 용서할 수 있는 죄는 갚을 수 있기 때문이다. 그런 용서의 문제점을 정확하게 짚었던 데리다의 그 의미심장한 문장으로 다시 한번 돌아가보자.

"그러니까 제 생각으로는 그렇습니다. 용서할 수 없는 것이 있다는 사실에서 출발해야 합니다. 사실상 그것이야말로 용서해야 하는 유일한 것이 아닙니까? 그것이야말로 용서를 요청해야 하는 유일한 것이 아닙니까?"

나아가 그는 이렇게 말한다.

"용서할 수 있어 보이는 것만, 교회가 '가벼운 죄'라 부르는 것만 용서할 준비가 되었다면 용서의 이념은 사라지고 말 것입니다."[72]

용서할 수 없는 것을 용서하는 것만이 용서다. 이 '요청'은 어떤 계산이나 유명한 경제학들의 진단과 예언을 밑바닥에 깔지 않는다. 도대체가 합리적인 기반이 없는 듯한 이 '요청'은 일체의 합리성을 넘어서는 것의 비유로 작동한다. 무조건적으로 사랑할 수 있으려면 마음을 열어야만 하듯 '일찍이 없었던 것', '용서할 수 없는 것'의 요청을 들으려면 귀를 열 필요가 있기 때문이다. 그리고 범죄와 벌, 죄와 속죄의 논리가 더 이상 중요하지 않은 그곳으로 나아가야 하기 때문이다.

그렇다면 그 요청은 어디서 오는가? 다시 한번 리쾨르의 저서 《기억, 역사, 망각》을 펼쳐보자. 이 책 역시 특이하게도 "용서가 있다"[73]고 선언하는 하나의 '목소리'를 언급하기 때문이다. 그러나 이 목소리를 "너무 성급하게 누군가의 것으로 치부해서는" 안 되기에 리쾨르는 그것을 "위에서 내려오는 목소리"[74]라고 말한다. 그리고 데리다와 마찬가지로 이 목소리는 형체가 없으며 '다른 곳에서', 초월적인 신의 장소에서 들려온다고 말한다.

하지만 이 지점에서 리쾨르는 데리다보다 조금 더 정밀해져서 찬가의 말투로 그 목소리의 정체를 밝힌다. 리쾨르가 인용한 고린도전서의 '사랑의 찬가'에는 이렇게 쓰여 있다.

"사랑은 오래 참고, 사랑은 온유하며, 투기하는 자가 되지 아니하며, 사랑은 자랑하지 아니하며, 교만하지 아니하며, 무례히 행치 아니하며, 자기의 유익을 구치 아니하며, 성내지 아니하며, 악한 것을 생각지 아니하며, 불의를 기뻐하지 아니하며, 진리와 함께 기뻐하고, 모든 것을 참으며, 모든 것을 믿으며, 모든 것을 바라며, 모든 것을 견디느니라."(고전 13:5-7)

그러므로 이제 우리는 그것의 정체를 알았다. 그것은

무조건적 사랑이다. 자신은 아무것도 바라지 않는 사랑, 악조차 계산에 넣지 않는 사랑, 무한한 증여와 이타적인 헌신에 자신을 바치는 사랑이다. 특이하게도 리쾨르는 이런 선물이 세속적인 것이 아니라 초월적인 것, 신적인 것이라고 주장한다. 그러므로 용서의 가능성을 알리는 목소리는 하나의 이상을 가리킨다. 무조건적으로 사랑하고 용서하는 신의 이상, 인간이 추구해야 마땅한 이상을 가리키는 것이다.[75]

그렇다면 무조건적 사랑과 무조건적 용서라는 이 신약성서의 이상을 어떻게 해야 따라잡을 수 있을까? 그렇다. 신의 용서는 언뜻 무조건적일 것 같아 보여도 자세히 들여다보면 근본적으로는 교환 행위다. "우리가 우리에게 죄 지은 자를 사하여준 것같이 우리 죄를 사하여 주시옵고"라고 주기도문에 적혀 있다. 그 사실이 더 확연히 드러나는 곳은 마태복음 6장 14-15절이다.

"너희가 사람의 과실을 용서하면 너희 천부께서도 너희 과실을 용서하시려니와 너희가 사람의 과실을 용서하지 아니하면 너희 아버지께서도 너희 과실을 용서하지 아니하시리라."

이 구절에 따르면 신의 용서는 한계가 있다. 인간이 스스로 용서할 준비가 되어 있지 않으면 신도 용서하지 않는 것이다.

그런 점에서 데리다가 자신의 이상을 '미쳤다'고, "불가능한 것의 광기"[76]라 부른 것도 놀랄 일이 아니다. 데리다의 주장대로 용서가 정말로 무조건적이려면, 다시 말해 자신의 주권조차 누려서는 안 된다면 대체 용서를 하는 동기가 무엇인지 알 수 없다. 한마디로 배상을 포기해서 얻는 것이 무엇일까? 아무 대가도 요구하지 않고 거저 주는 이유가 무엇일까? 손해 보는 장사가 아닐까? 그게 아니라면 손해 자체가 쾌락을 줄 수 있는 것일까?

용서는
비생산적 소비일 뿐일까

───────────────◯───────────────

손해 그 자체에 쾌락이 숨어 있다고 생각한 사람이 바로 프랑스 철학자 조르주 바타유Georges Batille다. 《경제학의 폐기》에서 바타유는 인간 활동의 두 가지 방식을 구분한다. 한쪽에는 온갖 유용한 공정이 있다. "생명 유지"[77]에 요긴한 소비와 재생산 과정이다. 여기에는 우리가 사회생활의 "애석한 전제 조건"[78]으로 인정하는 무해한 쾌락과 향락과 긴장 해소의 형식들도 포함된다. 약간의 섹스와 가끔 과도하게 마시는 포도주, 인간이 생산과 소비의 순환에서 제 몫을 다하기 위해서는 그런 것이 필요하기 때문이다.

바타유가 유용성의 반대편에 놓은 것은 "비생산적 소

비"79라고 부르는 것들이다.

"사치, 장례식, 전쟁, 제식, 호화 건축물, 놀이, 연극, 미술, 생식과는 별개인 도착적 성행위 역시 적어도 원래는 그 자체가 목적인 다양한 활동들이다."80

이 모든 '비생산적 소비'의 공통점은 "그 활동이 진정한 의미를 띨 경우 최대가 될 수밖에 없는 손해"81다. 손해의 원칙은 "(모든 소비는 수입을 통해 상쇄된다는) 균등한 결산 원칙에 위배되지만"82 역설적으로 하나의 행위는 그것에 동반되는 손해를 통해 범할 수 없는 가치를 얻는다. 예를 들어 제식은 그것과 결합된 제물을 통해 신성함을 획득한다. 보석과 같은 사치품이 "자산의 희생"83이 없다면 대체 무엇이 되겠는가?

진실로 위대한 삶의 순간, 신성한 그 순간은 실제로 항상 손해를 보는 것 같다. 아기의 출산 역시 이렇게 해석하면 설득력이 있다. 엄마는 고통에 몸부림치며 작은 태아를 자기 몸 안에서 밀어냄으로써 돌이킬 수 없는 분리를 성취한다. 엄마는 한 인간에게 말 그대로 생명을 선물한다. 이 선물로 아기가 무엇을 할지, 아이가 감사할지 말지, 아이가 그 선물을 받을 수 있을지 없을지는 엄마의 소관이 아니다. 하지만 바로 이런 손해에, 이런 증여에 아이를 출산하는 그 말할 수 없는 행복이 있는 것이다. 손해를 보며 느끼는 쾌감은 자기 존재를 넘어서는 생명과 생명체의 희열이다.

용서도 이와 같을 수 있을까? 용서는 어떤 것을 잃어버림으로써, 예를 들어 타인에게 휘두르는 도덕적 권력을 상실함으로써 가치를 얻는 것일까? 배상을 포기하는 사람은 '가해자'를 그의 죄에서 '떼어내어' 조건 없는 자유를 주며, 그에게 '감사나 참회를 기대하지 않고' 생명을 선사한다. 그런 의미에서 용서는 일종의 '출산'이다. 나쁜 행위 탓에 생겨난 탯줄이 끊어지는 것이다.

다만 타인을 용서한다고 해서 우리가 얼마나 해방되고 자유로울까? 내 경우를 생각해보면, 엄마를 용서하면 엄마가 준 선물에 보답할 수 있을까? 엄마는 내게 생명을 주었다. 그러니 어쩌면 나의 용서는 그 자체로 보답의 한 형태인 것이고, 다시금 하나의 교환 행위인 것일까?

생명과 용서:
자식은 부모에게 무슨 빚을 졌나

우리는 스스로에게 생명을 주지 못한다. 실존을 선사하는 이런 증여는 결코 갚을 수 없는 부채를 생산하고, 그 부채는 자식과 부모, 인간과 신을 연결하는 유대의 끈을 만든다. 여성 철학자 나탈리 사르투 라주Nathalie Sarthou-Lajus는 《부채의 윤리학》에서 부채의 이런 생산적 측면을 강력 지지한다. 그녀가 보기에 부채는 부정적이기만 한 것이 아니라 우리가 타인에게 의무감을 느끼고, 책임을 지고, 약속을 지키는 근거다.

"누군가에게 무언가를 빚졌다는 것은 기원에 대한 질문과 불가분의 관계가 있다. 아우구스티누스의 말대로 '우리가 당신에게 받지 않은 것이 무엇인가?'라는 질문은 인간이 스스로의 창조자가 아니라는 것을 인정한다는 뜻이다. 이런 의미에서 가족은 서로에게 죄책감을 느끼는 최초의 도가니다. 가족이란 서로에게 종속된 구체적이고, 성적이며, 상이한 인간들을 일컫는 말이기 때문이다."[84]

이런 종속성, 근원적 부채를 인정하는 것은 자신의 결핍을 깨닫는다는 뜻이다. 우리는 주권을 가진 완벽한 개체가 아니다. 우리는 유대의 존재로서 항상 의존해왔던 다른 이에게 우리의 현존재를 빚지고 있다.

인간이 서로에게 조금씩 빚을 지고 있다는 사실이 반드시 죄책감을 불러와 병과 신경증을 유발하는 것은 아니다. 사르투 라주는 인류학적 부채와 도덕적 부채를 명확하게 구분한다. 타인에게 생명을 빚졌다는 사실이 긍정적 의미에서 자신을 내어주라고 격려할 수도 있지 않을까? 선물을 받아 너무 기쁜 나머지 그렇게 격려할 수 있지 않을까? 그 예로 그녀는 장기 기증을 든다.

"장기 기증은 일방적인 선물이다. 기증자는 아무런 보상을 기대하지 않는다. 심지어 그가 이미 세상을 떠나 부재할 수도 있다. 이런 선물은 수혜자로 하여금 기증자와 그 가족에게 빚을 졌다는 느낌이 들게 한다. 하지만 이 빚이 반드시 도덕적 부채감을 불러오지는 않는다. 오히려 많은 수혜자들이 자기도 다른 사람에게 무언가를 선물할 수 있기를 바라게 된다."[85]

인류학적 부채는 부정적인 종속, '채권자'에게 결코 적절한 금액을 되돌려줄 수 없다는 고통스러운 느낌과 동일한 의미가 아니다. 그 부채는 오히려 전달의 쾌감을 불러일으킨다. 그 부채 덕분에 우리는 공동의(가족 혹은 세계) 유산을 물려받을 수 있고, 그것을 정성을 다해 소중히 보관하다가 나중에 우리 자손들에게 물려줄 수 있다. 한마디로 인류학적 부채는 세대에서 세대로 전달되는 사랑의 바이러스와 같다.

"사실 사랑받는 사람만이 영원한 빚을 지지만 그 빚은 죄책감이 없어도 갚아진다. 그 빚이 모든 소망을 이루어주지는 못하지만 퍼내고 또 퍼내도 다시 차는 샘처럼 무한한 선물이 주는 기쁨을 반영하기 때문이다."[86]

만약 그렇지 않다면 우리는 과연 (신에게든 인간에게든) 기꺼이 베풀겠다는 마음을 가질까? 우리가 영원히 고마워할 선물이 실존의 출발점에 있지 않다면? 먼 미래에 인간이 스스로 재생산을 할 수 있게 된다고 가정해보자. 기술 발전 속도를 보면 완전히 불가능한 일도 아닐 것이다. 만일 그렇다면 근본적 결핍을 제거한 그 인간도 여전히 사랑을 할 수 있을까?

사르투 라주는 부채에 정당성의 근거를 마련해주고자 한다. 하지만 이런 의문은 남는다. 과연 부채로 인해 생겨난 사랑은 어떤 종류일까? 그 사랑은 정말로 시장 법칙의 저 바깥에서 움직일까? 가족의 유대 안에서도, 아니 오히려 가족의 유대 안에서 더더욱 빚을 청구하고 되갚는 것은 아닐까? 가족이어서 오히려 채무자, 그러니까 자식에게 더 압력을 행사하지는 않을까? 인류학적 부채와 도덕적 부채를 과연 깔끔하게 구분할 수 있을까?

"가족의 부채는 계산하기가 쉽지 않다. 그 부채가 우리를 이기적인 사랑의 스캔들과 만나게 하기 때문이다."

사르투 라주도 이렇게 고백한다.

"생명이라는 첫 번째 선물의 당연한 결과인 순수하고 절대적인 선물을 기대하는 곳에서 우리는 이타적 선물은 결코 존재한 적도 없고 앞으로도 존재하지 않을 것이라고 가르치는 부채를 발견한다. 가족의 부채는 모든 감정의 총화를 더럽히는 피할 수 없는 시장 법칙의 표현이다."[87]

사르투 라주는 이 책에서 계보를 통해 전해지는 죄가 '반드시' 도덕적 부채감을 불러오는 것은 아니라고 거듭 강조한다. 그러나 이런 경우 채무자는 채권자에게 영원한 의무를 지는데, 도더적 결점이 없는 사랑과 감사, 애정이 아니라면 어떻게 그 의무를 다한단 말인가? 이런 의무는 신과의 종교적 관계에서 과도할 만큼 명확히 드러나지만 부모(특히 어머니)를 향한 자식의 사랑 역시 이런 의무로 점철된다. 어머니는 자식을 품어 출산한 사람이고, 아마도 (우리 엄마처럼) 자식 때문에 직장에서 불이익을 당했기에 그 후로도 자신의 능력을 한껏 발휘할 수 없었을 것이다. 그래서 자식 때문에 자기 인생을 희생했다는 감정은 특히 어머니들 사이에 널리 퍼져 있다.

그런데 이것이 용서와 무슨 관련이 있는가? 이 빚 갚기는 실제로 자발적인 사랑의 선물인가? 아니면 의무인가? 지금 당신이 읽는 이 책이 내 방식의 빚 갚기라면 어떻게 되는가? 앞에서 언급했던, 엄마가 한때 나를 위해 썼던 일대기에 대한 보답이라면? 사랑이란 정말로 말의 참뜻만큼 '관대'하기에는 너무 의무적인 걸까?

이 장을 끝내기 전, 유대의 끈을 폭력으로 끊어버린 후 평생을 후회 속에서 사는 한 남자의 이야기를 들어보기로 하자. 그 남자는 사람을 죽였다. 그것도 자신이 사랑했던 사람을.

나는 나를
용서할 수 있나

―――――――○―――――――

"이곳에서 보낸 26년 동안 나는 그 행위로 인해 괴로 웠습니다. 늘 그것을 생각했고, 함께 그 이야기를 나눌 사 람이 없어서 절망했습니다. 그 일을 입에 올릴 수 있는 유 일한 대화 상대는 이곳의 목사님이셨죠."

테겔 교도소의 작은 부엌. 분위기가 셰어하우스 같았 고, 식탁에는 김이 모락모락 올라오는 들장미 열매 차와 쿠키 접시가 놓여 있었다. 나는 일주일에 한 번씩 모이는 교도소 성경 공부 모임에 참석했다. 내가 미리 부탁한 덕 에 그날의 주제는 용서였다.

그곳에서 26년째 복역 중인 그 남자는 내 왼쪽에 앉아 있었다. 상념에 젖은 노인이었다. 눈 밑의 다크서클, 희끗

희끗한 머리, 피곤한 표정, 말하는 것조차 무척 힘이 들어 보였지만 그날의 모임에서 자기 이야기를 차근차근 들려 준 사람은 그 노인뿐이었다.

그보다 젊은 네 명의 죄수도 성경 공부 모임에 참석했다. 말총머리를 하고 빨간 모자를 쓴 키가 크고 동작이 굼뜬 30대 중반의 남성이 있었는데, 눈에 약간의 장난기가 어려 있었다. 비싼 가죽 재킷을 입은 신사는 어디를 봐도 다른 사람들과 사회적 신분이 달라 보여서 실수로 감옥에 들어온 듯 그 자리와 어울리지 않았다.

눈에 띄게 창백한 피부와 정성껏 가르마를 탄 검은 머리의 남자는 나이를 가늠하기가 힘들었다. 얼핏 보면 청년 같고, 부잣집 도련님 같지만 자세히 들여다보면 얼굴에 세월의 흔적이 역력했다. 마흔 정도의 마지막 남자는 떡 벌어진 어깨를 가졌지만 빡빡 민 대머리와 바른 자세, 차분한 음성 때문에 스님 같아 보였다.

위르겐 마츠^{Juergen Matz} 목사님은 식탁머리에 자리를 잡았다. 그는 그날 모임을 내게 맡기면서 한 가지 조건을 걸었다. 수인들에게 이름을 묻지 말라는 것이었다. 그래서 나는 그들의 이름도, 죄명도 몰랐다. 다만 그들 중에 '종신형'이 있다는 사실만 들어 알고 있었다.

"목사님은 당시 저한테 왜 교회로 안 갔냐고 하셨죠."

노인이 하던 말을 이어갔다.

"그래서 대답했죠. 저는 교회의 최고법을 어겼습니다. 저는 사람을 죽였습니다. 교회에서 해줄 일이 없습니다. 목사님은 제 잘못을 깨우쳐주시며 제가 죄를 인정하고 참회하기 때문에 신께서 저를 용서했다고 말씀하셨죠."

나는 그에게 누구를 죽였는지, 왜 그랬는지 묻고 싶었다. 하지만 이곳 테겔 교도소에서 이미 경험했다. 그런 식의 질문은 시작도 하기 전에 대화 전체를 망칠 수 있다는 것을. 그 당시 나와 이야기를 나눈 그 남자에게는 자신의 범행이 절대로 건드려서는 안 되는 상처였다. 그런데 내가 그 상처를 건드렸고, 그는 입을 다물고 침묵 속으로 빠져들었다.

그래서 나는 자제하여 그 문제는 덮어두고, 신이 그를 용서했다면 그도 자신을 용서할 수 있는지 물었다.

"아니요."

노인이 대답했다. 그는 자신의 행동이 너무 나빴다고 말했다. 너무 나빴기에 자해를 했고 같은 수인들도 공격했노라고.

"혼자서 자주 물었습니다. 이러다가 어떻게 될까? 내

가 또 미쳐 날뛰다가 누군가를 해친다면? 목사님께서 마음의 평화를 찾게끔 도와주셨습니다. 이제 저는 공격하지 않습니다. 하지만 내 자신을 용서할 수는 없습니다. 앞으로도 결코 용서할 수 없을 겁니다."

그가 입을 다물고 다시 상념에 빠져들었다. 방 안이 고요했다.

나는 한나 아렌트의《비타 악티바》의 한 구절을 들려주었다. 그녀는 이 구절에서 용서는 약속과 비슷해서 혼자서는 할 수 없다고 했다.

"그 누구도 자신을 용서할 수는 없기 때문이고, 그 누구도 자신에게 한 약속에 의무감을 느낄 수는 없기 때문이다. 자신과 한 약속과 자신에게 한 용서는 거울 앞의 몸짓처럼 의무가 없다."[88]

자신을 용서하는 사람은 가상공간에서 움직인다. 그 행위는 현실에 뿌리를 내리지 못한다. 용서의 무게는 (약속과 마찬가지로) 타인을 통해서만 주어지는 것이다. 그렇다면 용서의 성공 여부는 항상 실제로 존재하는 상대, 다른 사람에게 달려 있다는 것일까?

"아무도 내 죄를 덜어줄 수 없어요."

나를 용서할 수 있는 사람은 내가 아니다. 그 말이 맞을지도 모르겠다고 노인은 말했다. 그래도 그에게는 별 도움이 안 되었다. 실제로 그를 용서한 사람들도 있기 때문이다. 특히 그의 형이 그랬다.

"형도 내가 한 짓을 용서하지는 못하죠. 그래도 나를 용서할 수는 있을 겁니다. 나를 사랑하니까요. 나도 형을 사랑합니다. 어쨌든 용서할 수 있으려면 상대에 대한 사랑이 한 움큼이라도 있어야 합니다. 용서하는 사람의 마음에는 반드시 사랑이 있습니다."

그렇다고 하더라도 "내가 나를 용서하지 못한다는 사실이 달라지지는 않습니다."라고 노인은 나지막히 덧붙였다. 아무도 그의 죄를 덜어줄 수는 없을 것이다. 그러기에는 그 죄가 너무 컸다.

그 순간 가죽 재킷을 입은 남자가 끼어들었다. 죄를 덜고 싶다는 것은 가망 없는 욕심이라고! 그는 여기 감옥에서 심리치료를 받는데, 치료사가 자꾸 어머니 이야기를 꺼내서 놀랐다고 한다.

"어머니가 무슨 짓을 했는지 잘 생각해보세요."

그는 심리치료사의 콧소리를 흉내 냈다.

"그 순간 우리 어머니의 모습이 떠올랐어요. 76세, 중증 파킨슨병을 앓고 있는 우리 어머니가요. 어머니는 평생 제 걱정만 하셨어요. 그런데도 오히려 내가 피해자 역할을 강요당하고 있어요. 내가 왜 범죄를 저질렀는지 몇 가지 쓸 만한 논리를 찾겠다고요."

말총머리에 모자를 쓴 남자도 거들었다. 그의 심리치료 역시 정말 '틀에 박힌 대로'라고. 물론 인간은 일정 정도 유년기를 통해 '구조화'가 된다.

"하지만 나는 어머니 때문에 감옥에 온 게 아닙니다. 나는 스스로 생각할 수 있는 성인이기 때문에 내 행동의 책임을 딴사람에게 뒤집어씌울 수 없어요. 이건 내 인생이에요. 내가 결정했고 전부 내 의지로 행동했어요."

그가 잠시 말을 멈추더니 시선을 노인 쪽으로 돌렸다.

"그렇게 생각하지 않으세요?"

노인은 그 질문에는 대답하지 않고 아버지 이야기를 꺼냈다. 그는 자기 '아버지'를 평생 증오했다. 아버지는 폭력적이었고 어머니와 형들을 때렸다.

"나는 아버지가 아끼는 아들이었어요. 그래서 나는 맞지 않았죠. 하지만 그 모든 것들을 옆에서 같이 지켜봐야 했어요. 그러다 부모님이 이혼을 한 후에는 상황이 역전

되었어요. 내가 다 뒤집어썼죠. 아버지는 나를 괴롭혔고 달달 볶았어요."

그래도 어머니는 '좋았던 시절'의 기억을 일깨우려고 노력했다고 한다.

"아버지를 원망하지 말라고 하셨죠."

그 역시 한 번도 아버지를 원망하지 않았다. 한 번도.

"아버지를 용서하셨어요?"

떡 벌어진 어깨, 파란 눈의 남자가 부엌 싱크대에 서서 물었다. 차를 한 잔 더 마시려는 참이었다.

"용서했어요."

노인이 대답했다.

"아버지에게 편지를 썼죠. 여기 감옥에서. 아버지를 두 번 다시 만나지는 않겠지만 아버지를 용서했다고. 그래야 내 마음이 편할 테니까."

"뭐라고 답장이 왔어요?"

"편지가 돌아왔어요. 수신 거부로."

물론 아버지가 편지를 뜯어보지도 않은 것은 참 슬펐다고 그는 말했다.

"그럼에도 발을 떼었다는 것이 중요하죠. 아버지한테 얽매이지 않고 평화를 찾았으니까요."

그리고 그는 다시 이 말을 덧붙였다.

"정말 사후 세계가 있다면 아버지를 다시 만날 테지요. 그럼 아버지가 달라졌는지 알 수 있겠죠."

파란 눈의 남자가 고개를 돌려 노인을 보다가 머리를 저었다. 그리고 미소를 지었다.

"거긴 아무것도 못 가져간답니다. 기억도 사라지고요. 아무것도 안 남죠."

"맞아요. 그렇지 않다면 여기랑 다를 게 없잖아요."

모자를 쓴 남자가 거들었다.

"나는 피해자 두 사람한테서 편지를 받았어요."

눈에 띄게 밝고 가는 목소리였다. 가르마를 정성껏 탄 창백한 남자가 끼어들었다. 그러자 모두의 고개가 그쪽으로 돌아갔다.

"그 두 사람이 나를 용서했다고 했어요. 실제 글로 용서를 받은 거죠. 저한테는 큰 의미랍니다."

그러나 그가 먼저 피해자에게 용서를 구하겠다는 생각은 단 한 번도 해본 적 없었다고 한다. 너무나 부끄러웠기 때문이다.

"나는 그들에게 엄청난 짓을 지질렀습니다. 그래 놓고 뻔뻔하게 용서해달라고 부탁을 하다니…. 게다가 그 일은

10~13년 전의 일이에요. 피해자들이 나를 용서하거나 안 하거나 둘 중 하나겠죠."

나는 그에게 피해자가 가해자를 용서하려면 먼저 가해자의 동기를 이해해야 하는 것이냐고 물었다.

"당연히 그렇겠죠. 이해를 하면 용서하는 데 도움이 되겠죠."

창백한 얼굴의 남자가 말했다.

"가벼운 범행일 경우 그런 식으로 가해자와 피해자가 만나는 대화의 창구가 있습니다. 안타깝게도 중범죄의 경우는 없어요. 그런 식의 대화가 있다면 용서의 과정이 더 빨라질지도 모르겠네요."

"내 생각은 그렇지 않아요."

새로 차를 타서 찻잔을 식탁에 놓고 다시 내 옆자리에 앉은 파란 눈의 남자가 말했다.

"계속 상처를 들쑤시고 상기시키는 건 전혀 도움이 안 됩니다."

그는 용서란 '마음에서 진행되는 과정'이라고 말했다.

"충분한 거리를 두면 조금씩 진전이 보이죠. 용서는 일종의 자기 발견이거든요."

"용서를 하려면 가해자의 참회가 필요할까요?"

나는 다시 물었다.

모자 쓴 남자는 아니라고 대답했다.

"따지고 보면 용서란 가해자의 행동과는 아무 상관이 없습니다. 나한테서만 나올 수 있는 것이니까요. 계속 살고 싶은데 이 원한을 가슴에 품고 살고 싶지는 않으니까 용서를 할 수 있어야 하는 거죠."

그가 잠시 멈추었다 다시 말했다.

"물론 진짜 나쁜 짓은 그렇게 빨리 용서가 안 되겠죠."

나는 다시 한번 한나 아렌트를 들먹였다. 아렌트가 생각한 '진짜 나쁜 짓'은 정말 의도적으로 저지른 짓이라고. 나는 그 구절을 읽었다.

"'그들은 자기가 무슨 짓을 저지르는지 모르기 때문이다.'라는 통찰은 분명 서로를 용서해야 하는 근거를 마련한다. 하지만 바로 그렇기 때문에 용서의 의무 역시도 그 사람이 미리 알았던 악에는 적용되지 않으며, 그 악을 저지른 범죄자와도 관련이 없다."[89]

모자 쓴 남자가 차를 한 모금 마신 후 도발적인 시선으로 좌중을 바라봤다.

"히틀러는 나빴죠. 나도 나빴나? 나를 히틀러와 비교할 수 있을까요? 꼭 그런 건 아니죠."

숨죽인 웃음소리가 들렸다. 파란 눈의 남자가 그 말에 반대했다.

"자기가 무슨 짓을 저지르는지 정확히 아는 사람이 더 죄가 많아요. 곰곰이 생각을 한 것이잖아요. 흥분해서 우발적으로 그런 것이 아니라."

모자 쓴 남자가 동의했다.

"그건 맞아요. 형량을 따질 때도 그렇게 계산해요. 계획적으로 저지른 짓이 욱해서 한 방 먹인 후에 '이런 젠장! 내가 바보 같았어.'라고 하는 것보다 더 형량이 높거든요. 아무리 그래도 뭐가 나쁜 짓이고 뭐가 아닌지는 각자가 결정해요. 그러니까 용서할 수 있는 죄의 한계도 사람마다 다른 거죠."

"용서는 인간을 더 위대하게 만듭니다."

노인이 말했다.

"외가 쪽 친척들은 항상 내 편이었지만 친가 쪽 친척들은 늘 나를 타박했죠. 아버지가 어릴 적에 나를 지하실로 끌고 가서 죽도록 팼을 때도 맞을 만하다고 말했어요. 그래도 난 그 사람들을 용서할 수 있습니다."

가죽 재킷을 입은 남자가 의자를 바로 하더니 식탁에 팔꿈치를 대고 자세를 똑바로 했다.

"감옥에 들어와서 보니 증오 때문에 생명줄을 붙들고 있는 사람들도 있더군요. 한번 상상해보세요. 당신은 자신이 무죄라고 생각합니다. 하지만 모두가 당신을 모른 척했죠. 그래서 평생 동안 갇혀 살았습니다. 이런 사람들은 대부분 이를 갈며 복수하겠다는 일념으로 삽니다. 이들의 마음을 바꾸어 용서해야 행복하다고 설득한다면 아마 목을 맬 겁니다."

시간이 다 되었다. 마츠 신부와 함께 나는 부엌을 나와서 마당을 지나 각자의 감방 건물로 돌아가는 남자들을 배웅했다. 노인이 나와 나란히 걸었다. 곧 출감을 앞두고 있다고 그가 말했다.

"좋으세요?"

내가 물었다.

"바깥은 너무 낯설어요."

그가 대답했다. 그는 혼자 살아가는 법을 잊어버렸노라고, 그래서 곧바로 보호소 같은 데로 들어갈 것이라고 했다. 그의 감방이 있는 건물 앞에 다다랐을 때 그가 나에게 말했다.

"나는 사랑하는 여인을 죽였습니다."

사랑하는 여인. 30년 전에도 그가 여자 친구를 꼭 그렇

게 불렀을 것임을 나는 의심하지 않았다. 우리는 악수를
나누었다.

"몸조심하세요."

나는 작별의 인사를 건넸다.

"감사합니다."

나지막하게 인사한 그가 건물 안으로 모습을 감추었다.

3

용서는

망각한다는
뜻일까

2015년 봄, 화창한 날이었다. 나는 딸아이와 함께 프렌츠라우어 알레를 죽 따라 걸었다. 아이는 자랑스러운 표정으로 남동생이 탄 유모차를 밀었다. 남동생은 6주 전에 태어났다. 둘째를 낳고 한 달 후 나는 엄마와 전화를 하다가 60세가 된 엄마를 위해 내가 준비한 생일 선물을 상기시켰다. 베를린 기차 여행. 그리고 물었다.

"손자도 태어났으니 이번 기회에 한번 오면 어때요?"

물론 그 말을 할 때 나는 신중하게 말을 골랐다. 조르는 것처럼 보이지도, 무심하게 보이지도 않도록. 어쩌면 마지막이 될지도 모를 이 기회를 엄마가 붙들 것인가? 사실 나로선 그것이 아무렇지도 않은 일이 아니었다. 엄마가 와서 이제 막 태어난 손자는 물론이고 벌써 다 큰 손녀 얼굴도 한번 봐주기를 내심 바랐으니까.

하지만 그러면서도 마음속으로 무장을 단단히 했다. 나의 이런 희망이 얼마나 쉽게 무너질지 잘 알았기 때문이다. '무장을 한다'는 말이 옳은 표현일까? 어쩌면 거절에도 마음을 열려고 노력했다는 표현이 더 나을지도 모르겠다. 마음의 무장이 아니라 이런 열린 마음이 상처받지 않도록 나를 지켜줄 테니까.

'뭐, 엄마가 안 온 적이 어디 이번 한 번뿐인가?'

나는 속으로 생각했다.

'엄마가 거절을 해도 난 마음 상하지 않을 거야. 엄마가 거절을 해도 아무렇지도 않을 거야. 나의 정신 건강은 엄마가 오느냐 그렇지 않느냐와는 상관이 없으니까. 난 괜찮아. 아주 좋아!'

정말 우리의 과거는 두 아이가 태어난 그 7년의 터울 사이에 완전히 종지부를 찍었을까? 아기를 품에 안고 전화기를 어깨와 뺨 사이에 끼우고서 나는 엄마의 대답을 기다렸다.

"그래, 갈게."

엄마가 말했다.

우리의 경차가 벨포르트 거리로 꺾어들었다. 우리는 곧 엄마가 도착할 호텔 로비에 서서 기다렸다. 나는 마음이 아주 차분한데 딸은 그렇지가 못했다. 평소 자신감이 넘치는 아이가 안절부절못했다. 이제 곧 엄마의 엄마를 만날 것이다. 그동안 아이는 기회 있을 때마다 할머니를 찾았다.("왜 나는 할머니를 몰라요? 이상하잖아요. 할머니가 계신데 할머니를 몰라요.")

몇 분 후 엄마가 유리문으로 들어와서 우리를 향해 걸어와 인사를 했다. 딸을 뜨겁게 안아주고 유모차에서 잠이 든 아기에게 상냥한 말을 건넸다. 손녀는 할머니에게 홀딱 빠져서 자기가 알고 있는 것과 할 수 있는 것을 그날 다 보여주려고 했다. 해가 저물고 할머니와 손녀가 부엌 의자에서 사이좋게 노는 동안 남편과 나는 생선 요리를 했다. 9시 반에 우리는 엄마를 호텔로 모셔다드렸다.

"다시 올게."

엄마가 작별 인사를 건넸다.

"그때는 좀 더 오래 있을게."

다음 날 아침 나는 우리의 재회가 아름다웠다고 생각했다. 부재와 분노, 침묵의 세월이 아예 없었던 것처럼, 일어났던 일들이 우리 모두의 기억에서 싹 지워진 것처럼,

이제 완전히 새로운 시간이 과거에서 자라난 것처럼…. 마치 하계의 강인 '레테의 강물'을 마신 것 같았다. 신화에 따르면 레테의 강물은 정화의 망각을 선사한다고 한다. 과거의 실존은 사라지고 영혼은 새 몸으로 부활하기 위해 자유로워지는 것이다.[90]

그해 봄, 내 안에서도 이제 필요하지 않은 것들은 다 죽어버린 느낌이 들었다. 오래전 내가 받았던 아픔이 사라지고, 잊히고, 극복되어 새 생명이 시작된 것 같았다.

분명 요즘 세상은 망각을 좋게 생각하지 않는다. 우리의 지식사회, 투명사회에서는 그 무엇도 그냥 사라져서는 안 된다. 인터넷은 어마어마한 기억이고, 특히 이 나라에서는 기억이 정치적 의무이기도 하다. 잊는 사람은 건망증이고, 알츠하이머이며, 억지로 억압하고 얼렁뚱땅 넘어가려고 한다.

하지만 좋은 망각이란 것도 있지 않을까? 잊을 수 없다면 인간은 과연 과거의 아픔을 잊고 다시 시작할 수 있을까? 그리고 용서할 힘이 있을까?

"용서는 망각의 기술이다."[91]

토마스 마호는 이렇게 말했다. 흔히 "용서하고 잊는다."라는 말도 있고 "깨끗이 지우자."라는 말도 쓴다. 고통스러운 기억을 칠판에 분필로 쓴 글씨처럼 쓱쓱 지워버리자고. 그러니 망각은 용서의 전제 조건인가? 만약 그게 아니라면 이런 해석은 기억이라는 용서의 핵심을 놓치는 것일까?

이제 나는
기억하고 싶지 않다

─────────○─────────

    '망각'의 가치를 철학적으로 개념화하고 필수 생존 전략으로 선언한 사람은 프리드리히 니체였다. 그는 망각이란 "하나의 능동적인, 엄밀한 의미에서의 적극적인 억제력"[92]이라고 주장했다. 그리고 그 억제력은 우리의 생각을 해방시키고, 마음 깊은 곳에서 치르는 싸움을 이겨내고 미래를 향해 마음을 열게 한다고 했다.

    "의식의 문과 창을 때때로 닫는 것, 우리를 섬기는 기관들의 지하세상이 서로 협동하거나 싸워서 생기는 소란에도 흔들리지 않는 것, 새로운 것에, 무엇보다 더 품격 있는 기능과 기관에, 통제하고 예견하고 예정하는 (……) 것에 다시 자리를 내주기 위한 약간의 적막, 의식의 '백지상태$^{tabula\ rasa}$', 이것이야말로 (······) 능동적 망각의 효용이다. 망각은 마치 문지기처럼 정신의 질서, 안정, 예법을 관리한다. 이러한 사실에서 우리는 망각이 없다면 행복, 즐거움, 희망, 긍지도 없고, '현재'도 없음을 쉽게 알 수 있다. 이러한 억제 장치(망각)가 손상되거나 작동하지 않는 사람은 소화불량 환자와 비교할 수 있다. (······) 그는 아무것도 '처리'하지 못한다."[93]

잊지 못하는 사람은 '내려놓을' 수도, '극복할' 수도 없다. 훗날 프로이트는 '기억'을 정신분석의 자체 기술로 취급했지만, 니체는 기억을 독립적 삶을 살기 위한 조건이 아니라 만성 폐색의 증상으로 보았다. '품격 있게' 미래를 바라보기 위해서는 소화를 시키지 못해 아직도 속에서 부글부글 끓는 것을 제거할 수 있어야 한다.

니체가 보기에 망각은 자기통제의 한 형태다. 자신을 괴롭히며 되돌아보고, 그렇게 하여 자유로운 현재의 체험을 방해하는 것을 막아주는 자기통제인 것이다.

니체의 말이 옳을지도 모른다. 어쩌면 과거는 완벽하게 소화될 수 없을 것이다. 어쩌면 내 마음속에도 여전히 깊은 원한이 도사리고 있을지 모른다. 그러므로 나 역시 니체가 말한 '능동적 망각'을 실천하는 걸까? 이제 나는 기억하고 싶지 않다. 내 아이에게 정성을 다하고 싶고, 가족과 얼마 전에 구입한 주말농장으로 달려가 꽃을 심고 싶다. 과거를 되돌아보는 시선과는 영원히 작별을 고하고 싶다.

하지만 이런 능동적 망각의 능력이 용서와 무슨 상관이 있을까? 이제는 편안한 마음으로 엄마를 만날 수 있으므로 나는 엄마를 용서했을까? 이제는 내 안에서 들끓는 마음의 전쟁이 우리의 만남에 그늘을 드리우도록 내버려두지 않으니까?

실제로 금방 눈에 들어오는 망각과 용서의 공통점이 있다. 니체의 망각과 용서는 '긍정적 억제력'이다. 따지고 보면 용서란 '배상의 포기'다. 용서는 중단이다. 자제의 기술이다. 흥분을 끝까지 행동으로 옮기지 않는 것이다.

능동적으로 잊는 사람이 기억의 충동을 방어하는 것처럼, 용서하는 사람은 복수심의 충동을 방어한다. 이런 방어는 단순한 수동적 과정이 아니라 능력이고 재능이다. 행동과 비행동이 복수의 포기와 중단에서 서로 교차된다. 용서하려면 노력해야 한다. 피와 살로 스며들 때까지 끝까지 연습해야 한다.

그러므로 복수의 중단은 기억의 중단과 긴밀히 얽혀

있다는 결론이 가능하겠다. 과거에 받은 아픔을 계속 기억으로 불러내지 않는 사람만이, 그 아픔을 끊임없이 곱씹지 않는 사람만이 복수를 포기할 수 있다. 따라서 용서하는 사람은 자신에게 이렇게 말할 것이다.

"그래, 물론 나는 기억할 수 있어. 아주 세세하게 그 일을 기억하여 자기연민의 쾌감에 젖어들면 나는 고통과 분노를 느낄 것이고, 심하면 증오도 느낄 테지. 하지만 나는 자제할 수 있어. 굳이 기억할 필요는 없어. 나는 나를 위해 과거로 향하는 내 의식의 문을 닫고 종지부를 찍을 것이며, 영원히 '똥통에 빠져' 허우적거리지 않고 품격 있게 미래를 바라보며 타인과의 관계를 새롭게 정립할 거야."

엄마와 마음 편히 함께했던 그날, 아마도 나는 정확히 그렇게 했을 것이다. 아마 내 창자에서는 싸움이 벌어졌겠지만 나는 그 싸움의 불을 끌 수 있었다. 내가 그 시간을 아름답게 보낼 수 있었던 것은 다른 누구의 덕도 아니라 내 '지하세계'의 '소란'을 망각하는 나의 능력 덕분이었을 것이다.

다만 한 가지, 이 능력이 얼마나 오래갈까, 얼마나 깊이 파고들까 궁금하다. 망각이 쉬운 것은 지금 내 상황이 편하기 때문일까? 나는 둘째를 낳았고 호르몬에 푹 젖어 있으며 매일 아침 이빨 하나 없는 그 매혹적인 미소를 선물로 받는다. 한마디로 특수 상황인 것이다.

오랫동안 망각하는 능력, 힘든 과거를 정말로 놓아주는 인간의 능력은 얼마나 될까? 그런 능력이 있기나 한 것일까? 있다면 그 능력은 무엇에 좌우될까? 니체 역시도 논문 〈삶에 대한 역사의 공과〉에서 바로 이런 질문들을 던졌다.

"과거의 것이 현재의 것의 무덤을 파지 않으려면, 과거의 것이 잊혀야 할 (……) 한계를 정하기 위해 우리는 한 인간, 한 민족과 한 문화의 조형력이 얼마나 큰지를 정확하게 알아야 한다. 조형력이란 스스로 고유한 방식으로 성장하고, 과거의 것과 낯선 것을 변형시켜 자기 것으로 만들며, 상처를 치유하고, 상실한 것을 대체하고, 부서진 형식을 스스로 복구할 수 있는 힘을 말한다."

그러므로 인간의 이상적 상태는 손상된 줄기와 잎을 즉각 새로운 것으로 바꾸어서 더 무성하게 자라는 식물의 상태와도 같을 것이라고 말한다.

"이런 힘이 거의 없기에 단 한 번의 체험으로도, 단 하나의 고통으로도, 종종 단 하나의 작은 불의로도, 단 하나의 조그만 상처로도 치유할 수 없을 정도로 피를 흘리는 사람이 있다. 반면에 가장 거칠고 끔찍한 재난, 심지어 자신의 사악한 행위에도 아무런 영향을 받지 않는 사람들이 있다. 그들은 그 순간이나 그 직후에도 평상시의 평정심을 유지할 수 있다."[94]

힘든 과거를
정말로 놓아주려면

니체가 이 구절에서 말한 신비한 능력은 요즘 한창 상한가를 치는 개념인 '회복력'과 매우 흡사하다. 회복력이 큰 사람은 심각한 상처에도(혹은 바로 그 상처를 통해서) 독립적인 인생을 살며, 과거에 매달리지 않고 미래를 위해 자신을 설계할 수 있다.

"(훌륭히 성장한 사람은) 손상을 치료할 약을 알아내고 힘든 불의의 사건들을 자신에게 유익하게 활용한다. 그를 죽이지 못하는 것은 그를 더 강하게 만든다."[95]

니체는 《이 사람을 보라》에서 이렇게 과장해서 말했다. 하지만 니체가 말한 강함은 정확히 어떤 종류일까?

회복력, 즉 '리질리언스Resilienz'는 라틴어 '리실리오resilire'

에서 온 말로 '튀어서 돌아오다'라는 뜻이다. 보통은 장애에 맞서는 시스템의 저항력을 의미하며, 자연재해 방제와 경제학 등 여러 분야에서 사용된다. 심리학에서는 위기를 자신의 발전에 유익하게 만드는 한 인간의 능력을 의미한다. 회복력 연구는 족히 20년 전부터 시작되었고, 무엇보다 위기로 인해 문제를 겪는 장애인들을 대상으로 했다.

프랑스 신경정신과 의사이자 심리분석가인 보리스 시릴니크Boris Cyrulinik는 가장 유명한 회복력 전문학자 중 한 사람으로 꼽힌다. 그는 제3제국 시절에 트라우마를 겪은 어린이들을 특히 중점적으로 연구한다. 그러나 그는 회복력이 뛰어난 사람들은 상처를 '완치'할 수 있다는 니체의 주장에 의혹을 표한다. 그 역시 나치 수용소에서 부모를 잃었고 자신은 살해당하기 직전 구출되었다. 그런 그가《불행의 놀라운 치유력》에서 이렇게 말한다.

"수용소에 끌려갔던 아동 집단은 자기가 받은 극심한 상처를 극복하기 위해 가정에서나 사회에서나 산전수전을 겪으며 반드시 성공해야만 했다. (……) 복원력의 대가, 그것은 분명 모순어법이다."[96]

여기서 시릴니크가 반드시 성공해야만 했던 강제를 거론한다는 사실은 (그가 생각하는) 회복력의 분열을 잘 보여준다. 그렇다. 견디기 힘든 사건을 겪었어도 인생에 의미를 부여할 수 있고, 직장에서 성공하며, 가족을 이루고, 모범적인 부모가 되는 사람들이 있다. 하지만 그들의 성공은 고통의 이면에 불과하다. 시뤼니크가 정확히 무슨 말을 하고 싶었는지는 이 문맥에서 그가 선택한 '모순어법'이라는 개념이 잘 보여준다.

모순어법이란 예를 들어 '속을 알 수 없는 투명함'이나 '달콤쌉쌀하다' 같은 말처럼 두 개의 대립되는 개념을 서로 결합하는 수사학적 표현이다. 이 단어를 한 인간의 저항력에 적용할 경우, "끔찍한 일을 겪고서 그 일을 정리하기 위해 자아분열을 택한 한 인간의 내적 분열"을 의미할 것이다.

"끔찍한 경험에 내던져진 그의 한 부분은 고통 받고 서서히 죽어가지만, 숨어 있기는 하되 무장을 잘하여 아직 건강한 다른 부분은 절망의 용기를 동원하여 그에게 조금이나마 행복을 주고, 그의 삶에 의미를 선사할 수 있는 것들을 모조리 긁어모은다."[97]

이렇듯 모순어법은 어떻게 고통이 성공한 인생으로 변모할 수 있는지를 표현한다. 그 방법은 고통의 현실을 하는 수 없이 살짝 부정하는 내면의 분열이다. 그런 일은 백일몽이나 상상 속에서 일어난다. 또 최악의 비극을 순식간에 호탕한 웃음으로 바꿀 수 있는 유머에서도 일어난다. 이런 방식으로 인간은 스스로를 자기 인생의 화자로 만든다. 자신과 자신의 불행을 어떻게 묘사할지를 결정하고 '서사적 정체성'[98]을 창조하는 것이다.

그러니까 나 역시도 바로 이 자리에서 나 자신의 이야기를 하는 것이 아닐까? 이 책의 문장 하나하나, 페이지 하나하나에서 나는 내 이미지를 지어내고, 당연히 그 이미지가 너무 음울하지 않다면 좋겠다, 지평선에서 환한 빛이 비치고 소실점이 빛에 잠겼으면 좋겠다고 여긴다. 그러니 근본적으로 나의 의도는 글을 써서 미래 지향적인 새로운 실존을 보장받겠다는 것이 아닐까?

그러나 이런 자신의 이야기는 망각과 정반대되는 또다른 과정과 떼려야 뗄 수 없이 얽혀 있다. 자신에 대한 글쓰기는 과거의 짐을 영원히 벗어던지는 데에도 유익하지 않을까? 하지만 과거를 지우려면 먼저 기억을 해야 한다. 볼프스에크에서 보낸 어린 시절을 기억에서 완전히 지우고 싶은 토마스 베른하르트Thomas Bernhard의 소설 《소멸》의 화자처럼.

"우리 모두는 볼프스에크를 끌고 다니고, 그것을 소멸

시켜 우리를 구원하려는 의지를 품으며, 그것을 기록하고
파괴하려 하면서 그것을 소멸시킨다."[99]

《소멸》의 주인공 무라우는 이렇게 말한다.

모순의 동작이 아닐 수 없다. 소멸시키고자 하는 것은
기록해야 하고, 따라서 기억도 해야 할 것이다. 또한 그를
통해 또 하나의 더 심오한 망각의 차원에 도달하게 될 것
이다.

기억하는 사람만이
잊을 수 있다

과거보다 미래가 자아 구축에 더 중요하다고 생각하는 사람들이 있다. 이 사람들은 무엇이 있었는지를 묻지 않는다. 그들의 관심은 무엇이 있을 것이며 무엇이 있어야 하는가에 쏠려 있다.

나 자신은 뒤를 돌아보고 기억하고 과거를 요리조리 훑어보며 곱씹는 쪽이다. 엄마, 어린 시절, 과거가 현재에 얼마나 큰 영향을 미치는가를 묻는 또 한 번의 질문…. 니체라면 이렇듯 뒤를 향해 있는 나를 경멸했을 것이다. 하지만 충분히 기억한 사람만이 긍정적 의미에서, 그러니까 심오한 의미에서 망각할 수 있고, 그럼으로써 용서도 할 수 있지 않을까?

프로이트에 치우친 철학자 폴 리쾨르가 바로 그런 입장이다.

"용서는 소극적 망각의 반대말이다. 소극적 망각이 트라우마의 형태를 띠기 때문에 그러하며, 현실도피성 망각이 검은 속내를 품고 있기 때문에도 그러하다."

《과거의 수수께끼》에서 리쾨르는 이렇게 말했다.

"그런 의미에서 용서는 추가적인 '기억 작업'을 요구한다."[100]

리쾨르 역시 니체와 마찬가지로 '능동적 망각'의 미덕을 강조하지만 그의 경우는 망각을 집중적인 기억 작업의 결과물로 해석한다.

이 말이 정확히 무슨 뜻일까? '기억 작업'은 프로이트의 용어로, 정신분석 치료를 받는 환자의 활동을 말한다. 정신분석을 받는 환자는 기억, 즉 억압한 것을 의식으로 불러낼 뿐 아니라 정신분석가와 함께 과거를 '반복'하고 '철저히 조사해야' 한다.

프로이트는 이런 상호작용을 '전이'라고 부른다. 정신분석가가 마치 스크린이 된 양, 어린 시절에 생겨난 환자의 감정들이 정신분석가에게 모두 분출되기 때문이다. 전이를 통해 환자는 서서히 자신의 감정에서 풀려난다. 나

아가 그 감정의 원인이던 사람들에게서도 풀려난다.[101]

이 지점에서 프로이트가 왜 용서 자체를 주제로 삼지 않았는지가 밝혀진다. 환자가 부모와의 관계를 충분히 분석하면 그때부터는 그 관계가 어떠한가는 중요하지 않기 때문이다. 부모는 더 이상 현재를 즐겁게, 성공적으로 살아가기 위해 부수고 캐물어야 할 감정 패턴의 원인이 아니며, 설사 그렇다고 해도 그 이상은 아니다.

그러나 리쾨르는 프로이트와 달리 용서가, 즉 두 사람의 실질적 관계가 본질이라고 생각한다. 리쾨르가 프로이트와 더불어 보증인으로 자주 인용하는 헤겔 역시 같은 입장이다.

헤겔은《정신 현상학》에서 용서를 화해로 해석한다. 두 사람, 단순화시켜 피해자와 가해자가 어두운 그늘을 뛰어넘어 화해하는 '긍정 상태'에 도달할 때만이 두 사람은 서로를 인정하고 화합할 수 있으며, 역사는 긍정적 의미에서, 다시 말해 끝없는 복수와 보상의 악순환을 벗어나 진보할 수 있다.《정신 현상학》의 한 장인 〈양심-아름다운 영혼, 악, 용서〉에서 헤겔은 그 관계를 다음과 같이 설명한다.

"딱딱한 마음이 무너져 그것이 보편성으로 고양되는

것은 스스로 고백한 의식에서 표현되는 것과 같은 운동이다. 정신의 상처는 흉터를 남기지 않고 아문다. 그 행위는 불멸의 것이 아니라 정신에 의해 그 안에서 철회되며…"[102]

리쾨르는 헤겔과 프로이트를 함께 생각함으로써 자신의 용서 이론을 정립한다. 용서(화해)를 하려면 기억이 앞서야 한다. 그러기에 리쾨르는 아픔을 거치지 않고 화해하는 사람은 순수한 '자기만족'에서 그럴 뿐이라고 주장한다. "오직 기억의 의무를 피하고"[103] 싶은 것이라고 말이다. 피상적이고 성급한 용서(화해)는 고통스러운 사건을 기억에서 도려내고 완전히 몰아낸다. 마치 현재를 깨끗하게 유지하기 위해 더러움을 숨기는 것과 같다.

그럼에도 용서는 집중적인 기억 작업 및 조사와 같은 것이 아니다. 과거를 여기저기 들쑤시며 살피는 사람은 정신적으로 여전히 그 과거에 꽉 묶여 있기에 과거를 놓아줄 수가 없다. 용서를 하려면 자기 주변만 뱅뱅 도는 것을 멈추어야 할 것이며, 애써 진실을 찾는 과거의 나와 작별해야 한다.

토마스 마호는 말한다.

"(용서는) 중심이 된, 스스로에게 절대시되는 주체를

포기한다. 용서는 평정심을 가져야만, 즉 자신과의 거리를 가져야만 가능하다."104

용서하는 사람의 평정심은 좀 극단적으로 표현하면 정신분석을 받는 환자의 유아적 이기주의와 극명하게 대조된다. 환자는 쉬지 않고 자신과 자신의 어린 시절을 이야기하지만 용서하는 사람은 과거를 내버려두고 다른 것과 다른 사람에게로, 즉 현재와 미래로 관심을 돌린다.

한 번 더 리쾨르의《과거의 수수께끼》로 돌아가보자. 기억하는 사람만이 긍정적 의미로 잊을 수가 있다. 하지만 대체 무엇을 잊는가? 과거의 일을 정말로 기억에서 싹 지워버릴까?

나는 너무나 또렷이 기억할 수 있다. 엄마가 떠나던 날을, 초대받지 못했던 엄마의 결혼식을, 내가 그렇게 엄청난 상처를 받았던 이유를 설명하려 헛되이 애쓰던 그 수많은 전화 통화들을…. 어떻게 그 모든 일을 싹 잊는단 말인가?

리쾨르는 말한다.

"그러나 이것(망각)은 사건 그 자체에는 해당되지 않는다. 사건의 흔적은 오히려 정성껏 보관해야 한다. 망각의 대상은 죄다. 그 죄의 부담이 기억을 마비시키고 창조적으로 미래를 설계할 힘을 마비시킨다. 잊히는 것은 과거의 사건, 범죄 행각이 아니다. 역사적 의미의 변증법 전체에서 그것이 차지하는 '의미'와 '장소'가 잊히는 것이다."[105]

용서하는 사람은 일어났던 일을 잊는 것이 아니며, 결코 건망증을 앓는 것이 아니다. 일어났던 일은 흔적으로 기억에 고이 보관된다. 용서를 통해 변하는 것은 이 흔적의 심리적 배역이다. 그것은 이제 더 이상 무거운 죄나 어쩔 수 없는 집착의 대상이 아니다. 그 흔적은 역사적 무의미 속으로 가라앉는다.

"과거가 실제로 극복되었다. 그것의 '더 이상 존재하지 않음'이 이제는 고통을 유발하지 않으며, 그것의 '존재했음'이 명예를 회복하기 때문이다. 보상받지 못하여 지울 수 없었던 것이 케케묵은 과거의 것이 되어버렸다. 한마디로 용서는 기억과 추모 작업에서 남은 힘든 '일'에 '은총'의 맛을 선사한다."[106]

이 위로의 말로 리쾨르의 책은 끝난다. 하지만 그 즉시 새로운 문제가 등장한다. 헤겔의 목적론적 역사 모델과의 연관성으로 인해 명백히 드러나는 정치적인 용서의 차원이다. 역사의 평화로운 진보가 화해와 기억을 전제로 한다면 인간성에 반하는 범죄는 어떻게 되는가?

물론 이런 연관성에 대한 추가 설명은 없지만 실제 리 쾨르는 그의 책에서 홀로코스트를 거론한다. 역사상 최대 의 범죄도 충분히 조사하기만 하면 원칙적으로 용서받을 수 있는가? 용서받을 수 있어야 마땅한가? 가해자와 피해 자가 화해를 하고 잊으면 역사가 반복되지 않는가?

이런 질문은 논란의 소지가 크지만, 바로 이곳 독일 같 은 가해자를 기억하는 나라에서는 터부를 건드린다. 홀로 코스트도 언젠가는 용서할 수 있을까? 용서해도 좋을까? 용서란 따지고 보면 결국 망각인가?

죄를
물려줄 수 있을까

때는 1980년, 비아르트 라벨링은 베스터슈테데의 자기 집에서 소형 트랜지스터라디오를 틀었다. 일요일마다 프랑스 인터 라디오에서 방송하는 문화 프로그램 '마스크와 펜'을 듣기 위해서였다.

집안은 여느 휴일처럼 적막했고 귀에 익은 시그널 음악이 거실을 가득 채웠다. 멘델스존의 〈물레의 노래〉도 입부였다. 그날의 게스트는 철학자 블라디미르 얀켈레비치였다. 유대계 프랑스인인 그는 뭔가에 쫓기듯 숨죽인 목소리로 자신이 완전히 독일과 담을 쌓은 이유를 털어놓았다.

"독일인들은 600만 명의 유대인을 죽여놓고도 잘 자

고 잘 먹고 잘 삽니다."[107]

그리고 방송이 끝나갈 무렵 그는 지금껏 단 한 통의 편지도, '용서를 구하는' 단 한 통의 '편지'도 받아본 적이 없다고 말했다. 정말로 부끄럽다는 독일인의 편지를 말이다. 그 순간 그는 수백 킬로미터 떨어진 곳에 사는 어떤 사람이 그 말을 듣고서 정말로 편지를 쓸 것이라는 예상은 추호도 하지 못했다.

베스터슈테데의 고등학교 교사인 라벨링은 결혼하여 아이를 셋이나 둔 아버지였고, 1939년에야 세상에 태어났지만, 그럼에도 책임으로부터 자유롭지 못하다고 느꼈다. 그리하여 그는 방송을 들은 직후 얀켈레비치에게 이런 편지를 썼다.

"나는 유대인을 한 사람도 죽이지 않았습니다. 독일인으로 태어난 것이 나의 공도 나의 과도 아닙니다. 누가 내게 동의를 구한 적도 없습니다. 나는 나치 범죄에 아무런 책임이 없습니다. 그러나 그 사실이 큰 위안이 되지는 못합니다. 양심의 가책을 느끼니까요."[108]

2011년 가을, 어느덧 72세의 노인이 된 비아르트 라벨링이 정원에 차린 식탁에 아내와 나란히 앉아 있었다. 방금 구운 사과 케이크와 오스트프리슬란트 홍차가 식탁에 놓여 있었다. 짧은 백발에 키가 껑충한 라벨링은 당시 상황을 이렇게 설명했다.

"저기 소파에 앉아 있었지요. 그리고 저 라디오로 방송을 들었고요."

라벨링은 이제는 고장 나버린 거실의 옛날식 라디오를 가리켰다.

지금이었더라도 그런 편지를 썼을까? 확신은 없다고 그는 말했다. 따지고 보면 책임이란 실제로 나쁜 짓을 저지른 사람만이 질 수 있는 것이 아닌가?

"나는 개인적인 죄만 있다고 생각해요."

그러나 잠시 후 그가 덧붙였다.

"그럼에도 우리 세대의 독일인으로 산다는 것은 정말 이상한 기분이지요. 살인자의 나라에서 태어났으니까요."

독일인의 죄, 그건 일종의 원죄일까?

"끔찍한 홀로코스트는 그 이야기를 입에 올리지 않는다 해도 우리의 현대에 눈에 보이지 않은 죄의식의 짐을 지웠다."[109]

1971년에 출간한 《용서한다고?》라는 제목의 에세이에서 블라디미르 얀켈레비치는 이렇게 적었다. 나치 점령 시기에 생명의 위협을 느끼고 은신을 해야 했고, 나치에 저항하여 싸웠으며, 학교에서도 쫓겨났던 그는 이렇게 확신했다.

"인간성에 반하는 범죄는 '공소시효가 없다'. 다시 말해 속죄될 수 없다. 시간은 아무런 영향도 행사하지 못한다. 마지막 남은 죄인들을 처벌하기 위해 10년의 시효 연기가 필요하기 때문이 아니다. 시간이, 그 어떤 규범적 가치도 없는 자연의 과정이 아우슈비츠의 끔찍한 참상을 누그러뜨리지 못했다는 것은 참으로 이해할 수 없는 일이다."[110]

홀로코스트는, 얀켈레비치의 표현대로 하자면 "존재론적 악"[111]은 용서받을 수 없다. 그것이 인간성에 반하기 때문이다. 그런 깨달음을 통해 그는 유일하게 가능한 결론을 끌어냈다. 프리드리히 셸링을 다룬 그의 박사학위 논문, 독일 작곡가들을 향한 그의 사랑, 그의 아버지가 프로이트를 최초로 프랑스어로 번역한 사람이라는 사실… 그 무엇도 그의 결심을 막을 수는 없었다. 그는 독일인들과 그들의 언어, 그들의 문화와 영원히 결별하기로 결심했다.

그랬기에 프랑스어로 쓴 편지를 얀켈레비치에게 부치며 비아르트 라벨링은 당연히 답장을 받지 못할 것이라고 생각했다. 얀켈레비치가 스스로의 맹세를 깨게 된 것이 바로 자신 때문이었고, 자신이 보낸 편지를 얀켈레비치가 사과이자 도전으로 받아들였다는 사실 역시 그는 믿을 수 없었다.

얀켈레비치에게 보낸 편지에 그는 유대인 시인 파울 첼란^{Paul Celan}이 쓴 〈죽음의 푸가〉의 이 구절을 대문자로 강조하여 적어넣었다.

"죽음은 독일에서 온 명인 (……)
너의 재가 된 머리카락 줄라미트
DER TOD IST EIN MEISTER AUS DEUTSCHLAND...
DEIN ASCHENES HAAR SULAMITH"[112]

"나는 얀켈레비치에게 그가 증오한 언어는 살인자의 언어이기도 하지만 수많은 희생자들의 언어이기도 하다는 사실을 말해주고 싶었습니다."

라벨링은 마음을 활짝 열었고 눈높이를 맞추어 논리를 전개했으며 철학자를 자신의 집으로 초대했다.

"얀켈레비치 씨, 이곳에 들를 일이 있거들랑 우리 집 초인종을 누르고 안으로 들어오십시오."[113]

몇 주 후 라벨링은 답장을 받았다.

"당신의 편지에 감동했습니다. 저는 35년 동안 이 편지를 기다렸습니다."

그러나 독일에 가지는 않을 것이라고 했다.

"새 시대의 종을 당신과 함께 울리기에는 제 나이가 너무 많군요."

대신 얀켈레비치는 라벨링이 파리에 올 일이 있거든 케오플레르의 자기 집에 꼭 한 번 들러달라고 부탁했다.

"당신은 봄의 사자처럼 환영받을 것입니다."[114]

자신과 세상을 향해 독일과 영원히 결별하겠노라 맹세했던 블라미디르 얀켈레비치가 독일인에게 답장을 썼다! 라벨링은 철학자의 초청에 응하여 1981년 4월 파리를 방문했다. 빽빽한 눈썹, 검은 눈동자, 작고 연약한 남자가 문을 열었고, 라벨링을 널찍한 음악실 겸 거실로 안내했다. 세 대의 피아노, 책이 넘쳐나는 서가, 그리고 사방에 악보와 종이와 메모가 널려 있었다.

"처음에는 무난한 주제로 이야기를 나누다가 점점 윤리적 문제, 여러 작곡가들, 우리 아이들 이야기로 대화의 폭이 넓어졌습니다. (……) 오후 내내 그 집에 있었지요. 신나게 대화를 나누었답니다."

다만 원래의 주제, 즉 독일과 철학자의 관계에 대해서는 아무 말도 나누지 못했다. 말이 나오면 그때마다 철학자가 손짓으로 거부의 의사를 보냈다.

두 사람은 그날 이후 두 번 다시 만나지 못했다. 하지만 얀켈레비치가 세상을 뜰 때까지 연락을 주고받았다. 1984년 철학자의 병이 깊어졌다. 라벨링은 마지막 편지에서 다시 한번 얀켈레비치의 마음을 돌리려 애썼다.

"음악을 하고 철학을 하는, 그리고 그 둘을 사랑하는 사람이 독일의 전통과 음악 및 철학에 더 이상 기여하지 않고 완전히 외면하려 한다면 그것은 이미 사멸한 국가사회주의가 사후에 거둔 승리일 것입니다."[115]

그러나 이런 논리도, 자신의 고통을 솔직하게 털어놓으라는 요구도 독일을 바라보는 그의 마음을 바꾸지는 못했다. 얀켈레비치는 절망에 찬 어조로 이렇게 답했을 뿐이다.

"그 모든 고민을 다시 곱씹을 마음이 전혀 없습니다. 무엇을 위해 주장하나요? 인류의 절반은 귀머거리입니다. 나는 내 만년필을 조심스레 닫아 딸에게 건네줄 것입니다. 나보다는 딸의 말을 세상 사람들이 더 열심히 들어줄 테니까요."[116]

블라디미르 얀켈레비치의 영혼에는 매듭이 있었다고, 차를 저으며 라벨링이 말했다. 그 매듭은 그마저도 풀어줄 수 없는 것이었다.

얀켈레비치는 1985년에 숨을 거두었다. 이제 몇 년만 지나면 홀로코스트의 희생자도, 범죄자도, 동조자도 남지 않을 것이다. 그러니 그 사람들과 함께 죄도 사라질까? 당시 처음으로 부쳤던 편지에 라벨링은 이렇게 적었다.

"독일, 그게 무엇인지도 모르면서 나는 독일로 인해 고통스럽습니다. 독일, 그것은 내 마음에 자리한 아물지 않은 상처입니다."[117]

노인이 된 지금이라면 그는 이 문장을 다르게 표현할 것이다. 어떻게? 그가 잠시 말을 멈추고 접시에 떨어진 케이크 부스러기를 이리 밀었다 저리 밀었다 했다. 그러더니 마침내 입을 열어 이렇게 말했다.

"독일은 반복하여 터지는 상처입니다. 그 차이를 이해하시겠어요?"

자기 치유:
나는 그를 용서했습니다

───────────────○───────────────

홀로코스트의 상처. 많은 가해자들에게는 그 상처가 양심의 가책이 주는 아픔으로 살아 있을 것이다. 하지만 피해자의 상처는 더 깊다. 최악의 경우에는 프리모 레비 Primo Levi나 장 아메리 Jean Améry처럼 삶 자체를 방해한다. 이 두 사람의 철학자는 수용소에서 직접 겪은 상상할 수 없는 고통을 극복하지 못하고 결국 스스로 생을 마감했다.

스스로를 치유하자고 결심하던 순간 유대인 에바 모제스 코르 Eva Mozes Kor의 눈앞에 떠오른 것도 이런 운명이었다. 그녀의 치료약은 용서였다.

"나치에게서 해방되었다고 해서 그들에게 받은 상처로부터도 해방되지는 않습니다. 생존자들에게는 각자 나름의 자기 치유 방법이 있을 겁니다. 나는 이 방법을 택했습니다. 최악의 적을 용서하라! 그러면 네 영혼이 치유될 것이다. 네가 해방될 것이다."

다큐멘터리 영화 〈멩겔레 박사 용서하기〉(미국, 2005년 개봉)에서 할머니가 된 그녀가 이렇게 말한다. 트란실바니아(루마니아 북서부 지방을 총칭하는 역사적 지명)에서 자랐고 현재 미국 인디애나에 사는 그녀는 흔쾌히 인터뷰에 응하여 서툰 영어로 용서의 의지를 밝혔다. 그녀는 이제 더 이상 나치 독재를 견디고 살아남은 모든 다른 사람들처럼 피해자이고 싶지가 않았다. 숨이 끊어지는 순간까지 고통을 곱씹고 싶지 않았다.

에바 모제스 코르는 아우슈비츠에서 부모님과 두 언니를 잃었다. 그리고 쌍둥이 언니 미리암과 같이 그녀는 생체 실험 대상이 되었다. 그사이 세상을 떠난 미리암은 평생 실험 중에 맞은 주사 부작용으로 고통을 받았다.

컷! 살짝 시간을 되돌려 1995년 해방 50주년을 맞이한 아우슈비츠 추모지로 돌아가보자. 뒤편으로 화장터와 한 무리의 사람들이 보였다. 앞쪽에는 에바 모제스 코르가 한 노인과 서 있었다. 그는 한스 뮌히Hans Muench 박사다. 그는 멩겔레를 알았지만 그의 실험에 참여하지는 않았다.

오히려 그는 많은 유대인의 목숨을 구해주었고, 덕분에 전쟁이 끝난 후 무죄 판결을 받았다.

뮌히가 코르와 사전에 약속한 대로 종이에 서명을 했다. 그 서명을 통해 그는 반세기 전 이곳에서 일어났던 일을 재확인했다. 뒤이어 코르가 엄숙한 목소리로 성명서를 낭독했다.

"50년 전 아우슈비츠에서 요제프 멩겔레의 실험을 견디고 살아남은 쌍둥이 중 하나인 나, 에바 모제스 코르는 이로써 내 가족과 다른 수백만의 살인에 직간접적으로 관여한 나치들을 사면한다."

코르가 이 말을 할 수 있게 되기까지는 많은 시간이 필요했다. 트라우마를 어느 정도 극복했다는 믿음에 그녀는 1984년 아우슈비츠를 찾아가기로 결심했다. 하지만 비행기 안에서 전쟁이 끝난 후 처음으로 독일어를 듣는 순간 '공포로 온몸이 마비되었다'고 한다. 1993년에는 사랑하는 쌍둥이 언니 미리암이 이스라엘에서 눈을 감았다. 그러나 유대 의식에 따라 장례를 빨리 치렀기 때문에 장례식에도 참석하지 못했다.

"나는 내 가족 누구도 내 손으로 장례를 치러주지 못했습니다."

다큐멘터리에서 코르는 그렇게 말했다.

쌍둥이 언니가 죽고 나서 두 달 후 그녀는 처음으로 한스 뮌히를 만났다. 그녀는 그에게 가족사진을 보여주었고 멩겔레의 실험에 대해 이야기했다. 평생 아우슈비츠를 떨쳐버리지 못했던 뮌히는 코르와 함께 50주년 기념일에 폴란드로 가서 나치의 범행을 증언하기로 약속했다.

다큐멘터리를 보는 관객들은 연신 함께 있는 두 사람을 보게 된다. 팔짱을 낀 코르와 뮌히가 마치 늙은 부부처럼 그 추모지를 걷는 장면을….

훗날 인터뷰에서 코르는 말했다.

"그에게 감사를 전하고 싶은 마음이 컸습니다."

그 감사의 마음은 그녀의 개인적인 사면이었을까? 아우슈비츠에 대한 그녀의 용서였을까? 가해자의 참회와 기억하려는 마음에 사면으로 보답했던 것일까? 실제로 코르에게는 기억이 중요했다. 용서하겠다는 마음은 잊어버리겠다는 의지와는 아무런 상관이 없었다.

"용서해야 할 때입니다. 하지만 잊을 때는 아닙니다."

아우슈비츠 추모지에서 코르는 이렇게 말했다. 따라서 그녀에게는 뮌히의 증언이 매우 중요했다. 그녀는 인디애나에도 작은 추모지를 만들었다. 그녀가 인류 최대의 범죄를 자신의 기억에서도, 집단 기억에서도 지우려는 것이 아니다. 하지만 그 드라마에서 '자신'이 맡았던 역할을 바꾸고 싶고 자신의 운명을 고쳐 쓰고 싶었다고 한다. 그녀는 고통을 극복하고 가해자를 용서한 유대인이었다.

앞의 다큐멘터리에서 다른 생존자들은 용서의 제스처를 취하는 코르를 날카롭게 비판했다. 역시나 멩겔레의 생체 실험에 이용당했던 요나 라크스는 말했다.

"부당한 짓입니다. 그녀는 우리에게 허락을 구했어야 합니다. 우리한테 물어봤어야 합니다. 이미 세상을 떠난 사람들을 그녀가 어떻게 대변할 수 있습니까?"

그리고 그녀는 덧붙였다. 용서는 곧 망각을 의미한다고! 역시나 멩겔레의 생체 실험 대상이었던 베라 크리겔은 다큐멘터리에서 흥분하여 이렇게 물었다.

"내 몸이 용서할 수 있나요? 내 영혼이 용서할 수 있나요? 내 머릿속에 남은 기억은 절대 지워지지 않아요. 절대, 절대, 절대."

이런 반응을 만날 때마다 코르는 다시 한번 자신의 행동이 옳다는 것을 확인했다.

"그 사람들은 모두 자유를 느껴보지 못하고 세상을 떠날 겁니다."

그녀는 확신에 차서 말했고, 그 이유를 설명했다.

"용서한다는 것은 나에게 일어난 고통스러운 일이 더이상 나의 존재를 무너뜨릴 정도로 상처를 내지는 못한다는 뜻입니다."

아우슈비츠에 있을 때 그녀는 무방비 상태였고 기댈 곳 하나 없는 객체였다. 하지만 용서할 수 있는 힘은 그녀의 강함을, 그녀의 행동 권력을, 주체의 위치를 입증한다.

지금까지도 그녀는 용서의 각오를 공개적으로 다진다. 마지막 행보가 2015년에 열린 전 나치 친위대원 오스카 그뢰닝의 재판이었다. 그뢰닝은 30만 건의 살인 공조 혐의로 피소되어 그해 6월 4년 형을 선고받았다. 그는 아우슈비츠에서 끌려온 사람들의 짐을 담당했고 친위대의 명령에 따라 그들의 돈을 수거했다. 법정에서 그뢰닝은 형법상의 죄는 부인했지만 도덕적 죄는 인정했고 용서를 구했다. 그의 청을 들어준 유일한 사람이 에바 모제스 코르였다.

공동 원고 중 한 명이었던 코르는 뤼네부르크 법원에서 개최된 재판에서 이렇게 말했다.

"나는 그를 용서했습니다."

심지어 피고를 포용하고 그와 악수도 나누었다. 그 직

후 그녀는 귄터 야우흐가 진행하는 ARD TV 토크쇼에 나가 수백만 시청자들이 지켜보는 가운데 "우리는 모두 인간입니다."라는 말로 그 나치 범죄자를 용서했다. 그리고 그를 감옥에 보내고 싶지 않다고 힘주어 말했다.

나머지 마흔아홉 명의 공동 원고들은 그 즉시 기자회견을 열어 코르와 확실히 거리를 취했다.

"과거의 고통을 대하는 방식이 사람마다 다르다는 데는 이의가 있을 수 없지만, 학살당한 사람들의 이름을 걸고 공동 원고로 나서는 것과 공개적으로 형사재판을 거부하는 것, 언론에서 연출한 개인적인 용서에 공동 원고의 역할을 이용하는 것은 상충되는 행동입니다. (……) 우리는 우리 가족과 나머지 29만 9천 명의 살인에 공조한 그뢰닝 씨를 용서할 수 없습니다. 더욱이 그는 지금까지 그어떤 형법상의 책임도 느끼지 않습니다. 우리는 정의를 원합니다…."

다른 공동 원고들과 코르의 이해 충돌은 곧 두 가지 역사 모델의 충돌이다.

'정의'에 바탕을 둔 한쪽은 다름 아닌 배상, 정당한 처벌에서 진보의 가능성을 본다. 가해자가 속죄를 해야 한다. 그렇지 않으면 역사는 손해배상 청구에 붙들려 앞으로 한 걸음도 나아가지 못할 것이다….

　반대되는 입장은 포기 모델이다. 사면이, 면죄가 있어야 비로소 헛돌기만 하던 역사의 수레바퀴가 진창을 빠져나온다. 배상의 포기는 진창에 빠진 수레를 끌어올리는 끈과 같다. 하지만 이런 포기가 과연 얼마나 진보적일까? 이것은 또 망각과 어떤 관계에 있을까?

망각을 통한
평화 구축

──────────○──────────

　최대 규모의 나치 강제수용소 아우슈비츠-비르케나우는 1945년 1월 27일 소련군이 해방시켰다. 1995년 독일 대통령 로만 헤르초크Roman Herzog는 이날을 공식적인 '국가사회주의 희생자 추모의 날'로 정했다. 로만 헤르초크는 말했다.

　"기억이 멈추어서는 안 된다. 미래의 세대에게도 깨어 있으라 경고해야 한다."

　2005년에는 유엔도 이날의 의미를 공식적으로 인정했다. 현재 1월 27일은 '국제 홀로코스트 희생자 추모의 날'이기도 하다. 2015년 1월 27일은 70주년 '아우슈비츠 (학살의 규모로 인해 홀로코스트의 상징이 된 이름) 해방의

날'이었다. 생존자가 한 사람도 살아 있지 않는 날이 가까워질수록 기억의 계명도 더욱 다급해진다.

"자발적이고 건강하며 자기 집단의 힘을 키우는 기억의 충동이 사라진 곳에서는, 수치와 죄를 지우고 덜어주겠다고 약속하는 강력한 망각의 정언명령이 끼어드는 곳에서는, 더욱더 (……) '기억하라'는 계명이 필요한 것이다."[118]

알라이다 아스만Aleida Assmann은 《기억 문화에 대한 새로운 불쾌감》에서 이렇게 말했다.

터키의 기억 정책이 바로 그 망각의 정언명령을 생생히 입증한다. 2015년 4월 24일은 오스만제국이 아르메니아인들에게 대량 학살을 저지른 지 100년째 되는 날이다. 당시 1915년 4월 24일 콘스탄티노플에 있던 아르메니아 지식인들이 대거 체포되었다. 그 뒤를 이어 최고 150만 명으로 추정되는 아르메니아인들이 제노사이드genocide의 희생자가 되었다.

따라서 아르메니아에서는 4월 24일이 가장 중요한 국가 기념일 중 하나이지만 정작 가해국인 터키에서는 지금까지도 대량 학살 자체를 인정하지 않는다. 그러니 공식적인 기념은 상상조차 할 수 없다. 기억을 일깨우려는 사람은 '국가 모독죄'로 처벌받을 각오를 해야 한다. 노벨문학상 수상 작가인 오르한 파묵^{Orhan Pamuk}은 2005년 제노사이드를 언급했다가 손해배상 청구 소송에서 유죄 판결을 받았다. 작가 도간 아크한리^{Dogan Akhanli}는 2010년 미결 구류형을 받기도 했다.

역사학자 크리스티안 마이어^{Christian Meier}에 따르면, 그런 '망각의 계명'은 고대 그리스에서도 사용되었던 오래된 정치 행위다. '나쁜 것의 기억'이 '복수의 충동'을 일으키므로 사람들은 평화를 위해 거듭 망각을 명령했던 것이다.[119]

비극작가 프리니코스^{Phrynichos}는 잔인하게 파괴되었던 그리스 도시 밀레토스(B.C 403년)를 비극의 소재로 삼았다. 그 직후 그는 고액의 벌금형을 받았고 작품은 상연 금지 처분을 받았다.[120] 또 특정 형벌의 면제를 지칭하는 개념인 '사면^{Amnestie}' 역시 그리스어에서 온 말인데, 독일어로는 '기억하지 않기'라는 뜻이다.

크리스티안 마이어가 '망각의 정치·역사적 행위'라고 부른 사례들은 수없이 많다. 카이사르가 암살당하고 나서 이틀 후 B.C 44년 3월 17일 키케로는 로마 원로원에서 연설을 했다.

"영원한 망각으로 모든 불화의 기억을 지워야 할 것이다."[121]

키케로 역시 이렇듯 망각을 이용해 내전의 위험을 예방하고자 했다.

마지막 사례로 든 베스트팔렌 평화조약 역시 망각의 계명을 바탕에 깔고 있다.

"이 전쟁이 시작된 이후 장소와 방식을 불문하고 이쪽이든 저쪽이든 양쪽에서 자행되었던 적대적 행위들을 양쪽은 영원히 망각하고 사면해야 할 것이다. (……) 모든 것은 영원한 망각에 묻혔다."[122]

망각을 명령할 수 있을까

배상의 논리는 망각할 수 없다는 것이다. 보상을 요구하는 상처를 영원히 손으로 가리키겠다는 것이다. 그러나 자신이 받은 상처를 잊은 사람은 복수를 꿈꾸지 않는다. 망각은 가해자와 피해자를 동여맨 끈을 자른다. 악명 높은 기억의 자리를 약이 되는 망각과 그 결과인 배상의 포기가 차지한다. 그러므로 마이어는 묻는다. 망각의 정책이야말로 만족을 줄 수 있는 절호의 기회가 아닐까?

1946년, 처칠이 그 유명한 취리히 연설에서 '망각의 행위^{blessed act of oblivion}'를 주창한 것도 과거의 적을 만족시키려는 의도가 아니었을까? 넬슨 만델라가 법 앞에서 자비를 베풀지 않고 진실위원회가 주장한 가해자 처벌을 고수했더라면 과연 흑백의 협력이 가능했을까?

"망각을 조장하려는 이런 노력들에서는 경험에서 우러나온 지혜가 엿보인다. (……) 앞으로 평화롭게 협력하고자 한다면, 그러니까 전쟁, 내전, 혁명이 (실러의 표현을 빌면) '계속해서 악을 낳지 않으려면' 종지부를 찍어야만 한다. 마침내 결말을 지어야 할 것이며, (고소, 처벌, 복수, 거듭되는 비난으로) 계속하겠다고 위협해서는 안 된다."[123]

이렇듯 언뜻 보면 사면이란 참으로 미래 지향적이고 치유에 큰 도움이 되는 듯하지만 자세히 들여다보면 의문의 구석도 없지 않다.

기억하지 않으면 자동적으로 잊힐까? 어떤 사건을 공식적으로 기억하지 못하게 법으로 금지할 수는 있겠지만 그렇게 한다고 해서 당사자들도 잊는 것은 아니다. 망각은 국가가 명령할 수 있는 성질의 것이 아니다. 중국 정부는 천안문광장에서 수천 명이 목숨을 잃은 그날에 대해 침묵할지 모른다. 하지만 희생자 가족과 학살 증인들의 기억에는 그날이 영원히 각인되었을 것이다.

크리스티안 마이어도 이런 문제점을 충분히 인식했다. 그럼에도 그는 사면을 유일하게 입증된 평화 구축의 수단이라고 옹호한다. 다만 그에게도 한 가지 예외는 있다. 역사의 패러다임을 바꾼 사건, 바로 홀로코스트다.

"힘든 과거를 대하는 공식적인 대처의 역사를 살펴보면 (……) 1945년 이후 독일은 세계 역사상 처음 겪는 전혀 새로운 상황에 처했다는 사실을 알 수 있다. 전혀 새로운 의미의 끔찍한 일, 지금껏 세계사가 전범과 만행이라고 인정한 모든 사건을 추월하는 일이 일어났던 것이다. (……) 당시에는 주로 '전쟁 범죄'라고 불렀던 그 모든 일의 추적이 불가피했다. 일단 거의 모든 독일 국민이 정부의 온갖 만행과 불법을 지원하고 심지어 동참했다는 의심을 받았다. 주범을 색출하여 대다수 국민을 사면시키기란 아예 불가능했다."[124]

그런 만큼 마이어가 아우슈비츠의 이런 유일무이함을 논문 끝 부분에 가서 다시 상대화한다는 사실은 특히나 이채롭다. 기억의 결과를 확신할 수 없다는 것이 그의 논리다. 악명 높은 기억이 정말로 재앙의 반복을 막을지, 아니면 오히려 더 부추길지 누가 안단 말인가?

"그러므로 독일이 어쩔 수 없이 아우슈비츠를 기억하

게 된 이후로 모든 것이 과거와 달라졌다고는 누구도 확신할 수 없는 것이다. 그런 사건을 겪은 후에는 열심히 기억하기보다 잊고 억압하기 바빴던 태고의 경험이 지금이라고 해서 결코 케케묵은 것이 아니다. 열심히 기억하면 같은 일이 일어나지 않을 것이라고 결코 확신할 수 없는 것이다."[125]

이런 논리는 반박하기가 힘들지만, 지난 몇십 년 동안 일어났던 모든 반유대주의 범죄를 기억 문화가 결국에는 원래의 의도와 정반대되는 결과를 낳았다는 주장의 근거로 채택하도록 허용한다.

2015년 1월 파리에서 유대인이 운영하는 슈퍼마켓이 습격을 당한 사건도 니체가 말한 의례를 통한 '역사 곱씹기'의 의도치 않은 결과였을까? 기억을 하지 않으면 그런 범죄도 중단될까? 물론 마이어도 그런 식의 결론은 경계한다. 그 역시 불과 70년 전에 일어났던 그 유례없는 대학살을 기억해야 할 필요성이 있다고 본다.

그러나 조금만 더 살펴보면 기억과 사면은 원칙적으로 서로를 배제하지 않는다. 무엇보다도 기억과 조사를 전제 조건으로 선포한 사면도 있다. 망각이 아닌 기억에게 면죄와 용서의 보상이 돌아가는 것이다. 기억을 기초로 삼은 사면의 가장 유명한 사례가 남아프리카공화국의 '진실과 화해 위원회'다. 그 어느 곳도 아닌 그곳의 사면에서 용서의 개념이 그토록 자주 등장했다는 사실은 특이한 일이다.

하긴 독일 정치가들 역시 기념식 날이나 기억의 현장에 갈 때마다 나치의 만행을 용서해달라고 청한다. 다만 문제는 있다. 과연 그들이 그래도 괜찮은가? 정치의 장에서 내뱉은 용서의 개념은 과연 제자리를 잘 찾은 것일까?

용서는
나만이 할 수 있다

진실과 화해 위원회라는 이름은 그 기관의 정신에 대해 많은 것을 말해준다. 그 기관의 목표는 아파르트헤이트 당시 저질러진 범행을 남김없이 밝히고 대화를 통해 피해자와 가해자를 화해시키자는 것이었다.

이것만 봐도 남아프리카공화국의 사면 정책이 가진 특수성이 여실히 드러난다. 그곳의 사면 정책은 결코 망각을 밑바탕에 깔지 않는다. 활짝 마음을 열고 위원회에 남김없이 다 털어놓는 정치범들만이(흑백의 인종을 가리지 않고) 형법상의 처벌을 받지도, 민법상의 구금을 당하지도 않았다. 범행을 자백하여 기억으로 불러내야만 면죄를 받았던 것이다.

진실과 화해 위원회의 위원장은 데즈먼드 투투 주교였다. 그는 자크 데리다의 말대로 '회개와 용서'의 어휘를 도입함으로써 진실과 화해 위원회 정책을 심각하게 '기독교화'했다.[126] 하지만 데리다는 정치의 영역에서 이런 식의 용서 개념을 사용하는 것이 이해는 할 수 있지만 문제가 있다고 보았다.

"늘 같은 근심을 합니다. 국가가 분열을 극복하고 정신적 외상이 애도의 작업에 자리를 내어주며 국민국가가 마비되지 않아야 한다는 근심을 하지요. 하지만 정치적, 사회적인 안녕이라는 '생태적' 정언명령은, 설사 그것이 정당화될 수 있는 곳이라 하더라도 이런 상황에서 쉽게 입에 올리는 '용서'와는 아무 관련이 없습니다."[127]

그러기에 데리다는 용서는 정치 영역에서는 결코 일어날 수 없다고 말한다. 왜 그럴까? 데리다의 중심 논리는 이러하다. 용서를 화해와 혼동해서는 안 된다. 용서는 (설사 행해진다고 해도) 가해자와 피해자 사이에서 일어난다. 중개하는 제3의 입장은 존재하지 않는다.

"제3자가 개입을 하더라도 사면, 화해, 배상 등을 말할 수는 있습니다. 그러나 그것은 엄밀한 의미에서의 순수한 용서는 아닙니다."[128]

이런 차이를 설명하기 위해 데리다는 경찰에게 남편을 잃고 진실과 화해 위원회의 증인으로 출석한 한 여성을 예로 들었다. 그녀는 말했다.

"위원회 또는 정부가 용서를 할 수는 없다. 용서는 나만이 할 수 있는 것이다. 그러나 나는 용서할 준비가 안 되어 있다…."[129]

실제 국가가, 아니 가족이라 하더라도, 그들이 피해자의 이름으로 용서할 권리를 어디서 얻을 것인지는 불분명하다. 용서는 (피해자가 살아 있다면) 피해자 자신만이 할 수 있을 것이다. "죽음의 수용소에서 용서는 죽었다."[130]라고 블라디미르 얀켈레비치는 그의 책 《용서한다고?》에서 말했다.

한때 '전범국'이었던 독일의 용서 정책을 몸으로 보여주는 인물은 바로 목사였다가 독일 대통령이 된 요아힘 가우크Joachim Gauck다. 2014년 3월 그는 속죄 차원에서 그리스의 마을 린기아데스를 찾아갔다. 1943년 독일 군인들이 그곳에서 83명의 무고한 주민을 살해했다. 그 대부분이 여자와 아이와 노인들이었다. 온 가족이 몰살당한 경우도 많았고, 가족이 전부 죽고 혼자 살아남은 사람도 많았다. 린기아데스에서 가우크는 이렇게 말했다.

"수치와 고통을 느끼며 나는 독일의 이름으로 살해당한 사람들의 가족에게 용서를 청합니다. 또한 당시 명령을 내렸고 그 명령을 수행했던 누군가가 오래전에 용서해 달라고 말했기를 바랍니다."

하지만 때가 늦어도 한참 늦은 이런 사죄가 제아무리 환영받을 만한 행동이라 하더라도, 조금 더 자세히 들여다보면 그 사죄에는 강요된 것, 부적절한 것, 부당한 것이 들어 있다.

그리스 대통령이던 카롤로스 파포울리아스Karolos Papoulias는 전쟁 당시 게릴라군으로 독일과 싸웠지만 가우크가 찾아왔을 때 그 자리에 있었고 연설을 마친 독일 대통령에게 악수를 청했다. 그러자 가우크는 감격에 겨워 당장 그를 포옹했고, 신문 기사에 따르면 파포울리아스는 "조심스럽게 독일인의 품에서 빠져나왔다."[131]

당시의 여당 당수 알렉시스 치프라스Alexis Tsipras는 가우크의 제스처에 불쾌감을 감추지 않았다. 그는 말했다.

"독일 대통령이 용서를 구하는 것은 좋다. 하지만 도덕적인 죄 말고도 너무나 확실한 물질적 채무가 있는데, 그 독일 정치인은 아쉽게도 그에 대해서는 한마디도 언급하지 않았다."

그러다가 2015년 그렉시트를 둘러싼 토론을 하던 중에 다시 배상 청구의 목소리가 높아졌다. 그러나 독일은 지금까지도 그 청구를 거절하고 있으며, 그리스인들은 린기아데스에서 확실히 보여주었듯 이런 행동을 용서하지 않는다. 당시 가우크가 범행의 현장을 떠나기 무섭게 몇몇 남성이 현수막을 펼쳤다. 현수막에는 큰 글자로 '배상'이라고 적혀 있었다.[132]

"참회와 용서를 구하는 무대의 급속한 증가는 보편적으로 기억이 시급해졌다는 뜻입니다."

데리다는 정치적 의도에서 나온 그런 식의 제스처들에 담긴 풀기 힘든 모순을 이렇게 표현한다. 그러나 동시에 "위대한 참회의 장면은 (……) 다름 아닌 그 연극적 성격으로 인해 강렬한 전율의 속성"을 지닌다. 아니, 더 나아가 "광적인 강박"의 속성을 지닌다.

"하지만 시뮬라르크, 기계적인 예식, 위선, 계산이나 우스꽝스러운 몸짓이 자주 그것의 일부를 구성하며 이 죄의식의 성대한 의식에 불청객으로 나타납니다."[133]

이 문장은 가혹하게 들린다. 하지만 과연 용서가 공식적인 정치 행위가 될 수 있는가? 독일 대통령이 연설하는 자리에 참석한 이들이 어떻게 용서를 한단 말인가? 그들은 살아남은 사람들이지 피해자가 아니다. 그리고 범죄에 직접 관여하지도 않았던 가우크가 무슨 권리가 있어서 용서해달라고 청하는가?

다들 그런 식의 대리 요청을 너무 쉽게 입에 올리지 않는가? 듣는 사람은 어쩔 수 없이 공허한 뒷맛을 느낀다. 그 정치가가 너무 쉽게 그런 말을 입에 올린다는 느낌, 근본적으로 그는 개인의 운명이 갖는 무게를 전혀 가늠할 수 없는 정치적 목적만의 화해를 추구한다는 느낌이 든다. 데리다는 말한다.

"정해진 목적에 봉사하는 용서의 언어는 절대 순수하지 않으며 사심이 없지도 않았습니다. 정치의 장에서 늘 그러하듯이 말입니다."[134]

영원히 용서할 수 없는
형이상학적 죄에 대하여

딸을 학교에서 데려오는 길에 우리는 늘 정방형의 작은 황동판 세 개를 밟고 지나온다. 베를린 마리엔부르크 거리의 인도에 박아놓은 판이다. 그 판에는 에리히 야코비, 메타 야코비, 루트 야코비라는 이름이 새겨져 있다. 이곳에 에리히, 메타, 루트가 살았는데, 1943년 3월 나치에 의해 아우슈비츠로 끌려가서 그곳에서 살해당했다고도 적혀 있다.

화가 군터 뎀니히Gunter Demnig는 독일 전역에 5만 개가 넘는 그런 '걸림돌'을 직접 제작하여 설치했다. 희생자들을 잊지 않기 위해서다. 물론 나는 내 손을 잡은 호기심 많은 꼬마 아가씨에게 이 돌을 왜 여기다 집어넣었으며 이

것이 무슨 뜻인지를 설명한다.

"여기서 상상도 할 수 없는 이런 범죄가 발생했단다."

그리고 나는 또 이렇게도 말한다.

"독일 사람들이 그랬어. 별로 오래전 일도 아냐. 네 외할머니도 겪으신 일이니까."

딸이 나의 이 말을 어떻게 소화할지 나는 알지 못한다. 딸은 귀 기울여 듣고 나서 대부분 가늠이 안 되는 범죄의 규모를 이해할 수 있게 만들어놓은 딱 한 사람의 범죄자를 들먹인다.

"히틀러가 그랬죠. 그쵸?"

왜 나는 일곱 살 먹은 딸아이에게 홀로코스트를 상기시킬까? 그 이유를 스스로에게 물을 때마다 곧장 이런 대답들이 떠오른다.

"이런 범죄와 그 범죄의 희생자들을 잊지 않을 책임이 우리 독일인들에게 있으니까."

"홀로코스트는 독일의 정체성이니까."

"우리 역사를 알아야 우리 자신을 알 수 있으니까."

다 맞는 말이다. 너무 옳은 말들이어서 더 많은 질문을 던지라고 나를 독려한다. 과연 그렇게 떠드는 책임이란 것이 죄와 어떤 관계가 있을까? 우리 딸은 당연히 600만

유대인의 학살에 책임이 없다. 하지만 그 아이 역시 독일인이기에 그들을 기억해야 할 책임이 있지 않을까?

이 지점에 오면 문제가 복잡해진다. 어린 딸아이는 누가 봐도 죄가 없다. 하지만 딸의 어깨에는 역사의 짐이 얹혀 있다. 더 정확하게 말해 딸은 그 짐을 져야 마땅하다. 기억 문화가 공언한 목표도 이것이 아닌가? 책임이 너무 추상적이지 않도록, 기억이 생생하게 남도록 어느 정도의 죄책감을 후손에게도, 아니 그 누구보다 후손들에게 물려줄 것.

"문화의 진보는 죄책감의 증가로 값을 치른다."

문화학자 알라이다 아스만은 말한다.

"문명국 대열로의 재진입은 범죄를 저지른 자국의 과거를 집단적 자아상에 통합시키고, 의례를 통해 공개적으로 죄를 고백함으로써 유지되는 이런 부정적 기억을 바탕으로 가능했다."

나아가 이런 말도 했다.

"이런 죄의 짐은 감정적으로 보상할 수 있는 모든 것을 훨씬 뛰어넘기에 미래 세대에도 적용되며 미래로까지 가지고 가야 한다."[135]

이 말이 맞다면 죄는 원죄처럼 계속 전달될 것이다. 그렇다면 우리는 앞으로도 단연코 용서할 수 없고, 용서할 수 없어야 마땅한 죄와 관련이 있다. 죄를 삭제하면 문화의 기반이 파괴될 것이기 때문이다. 실제로 알라이다 아스만은 태곳적 '형제의 무리'라는 프로이트의 허구를 언급하면서 죄가 도덕을 만든 장본인으로서 인류학적 기능을 갖는다고 지적한다. 그 옛날 형제 무리는 시조를 죽였고 너무나도 죄의식을 느낀 나머지 도덕의 능력을 얻게 되었다고.[136]

기독교의 원죄 설화도 구조적으로 비슷한 기능을 갖는다. 인간이 일하고 창조하며 근면하고 선한 이유는 신 앞에서 영원한 죄를 지었기 때문이다. 아담과 이브는 우리 모두의 내면에 숨어 있고 그들의 죄는 죽을 때까지 갚아야 하는 우리의 죄다. 한마디로 종교에서의 죄는 형이상학적인 죄다. 그렇다. 신화적인 죄다. 다시금 그리스도론적으로 생각해본다면 그 죄가 없었다면 문명은 존재하지 않았을 것이다.

그러니 이런 독일의 죄가 먼 미래에는 진짜로 신화가 될 것이라는 추측 역시 전혀 말도 안 되는 생각은 아니다. 우리 후손들에게는 독일의 죄 역시 의례를 통해서만 아는 종교, 죄를 상기시키는 일종의 종교가 될지도 모른다. 경

외감을 불러일으키지만 갈등을 조장하기도 하는 죄가 될
지도 모른다.

역사학자인 얀 아스만Jan Assmann은 《철학 매거진》에 실
린 인터뷰에서 이렇게 말했다.

"내가 보기에 홀로코스트는 초문화적 기준에서 수난
사의 종교적 차원을 획득했습니다. (……) 이스라엘에서
는 전 세대의 학생들이 희생자들의 고통을 온전히 제 것
처럼 느껴보기 위해 아우슈비츠로 달려갑니다. 예전에 기
독교인들이 예수의 수난을 온전히 제 것으로 생각했던 것
과 같지요. (……) 물론 좋은 일이고 옳은 일입니다. 하지
만 달리 생각하면 위험하기도 합니다. 시간이 가면서 홀
로코스트가 신화의 기운을 띠게 되고 반게르만주의로 변
질될 수 있으니까요."[137]

어떻게 해야 우리가 앞으로 (아도르노와 호르크하이머
의 그 유명한 명언대로) 계몽을 신화로 퇴화시키지 않고서
도 기억을 할 수 있을까? 이것은 우리 시대의 가장 시급한
문제 중 하나다.

낫지 않은 상처:
홀로코스트 생존자와 나눈 대화

더운 여름날의 베를린, 나는 전철에 앉아 있었다. 무릎에 종이 무더기를 올려두고 훑어보며 나의 지식을 다시 한번 환기시켰다. 중요한 사실을 까먹은 건 아니다. 그러나 문득 슈타이니츠Steinitz 부부가 어느 수용소에 있었는지가 생각이 안 나는 식이다.

이 서류들은 베를린 유대인 학살 추모공원 재단에서 일하는 친구한테서 구한 것이다. 2011년, 친구는 텔아비브로 건너가서 레기나 슈타이니츠와 츠비 슈타이니츠를 만나 그들의 인생사를 기록했다. 한 사람당 여덟 시간이나 인터뷰를 했다고 한다. 남편과 아내를 따로따로 인터뷰했다. 내 무릎에 놓인 서류는 그 내용을 정리한 것이다.

"레기나 슈타이니츠는 1930년 10월 24일 쌍둥이 언니 루트와 함께 베를린 자선병원에서 태어났다. 어머니는 기독교인이었고 아버지는 유대인이었다."

이제 곧 만나게 될 84세 할머니의 인생사는 이렇게 시작한다. 레기나 슈타이니츠의 부모는 그녀가 태어날 당시 아직 결혼을 하지 않았다. 그래서 그녀와 쌍둥이 언니의 성은 어머니를 따라서 안데르스였다. 훗날 그녀가 목숨을 구한 것은 그 덕분이었다고 한다. 레기나에게는 두 명의 의붓오빠가 있었다. 브레노와 테오였다. 이들은 어머니가 유대인 사진작가와의 첫 결혼에서 낳은 자식들로 친아버지의 성을 물려받았다.

날로 과격해지는 나치의 각종 조처로 1930년대 후반 가족은 서서히 해체되기 시작했다. 레기나의 아버지가 제일 먼저 가족을 떠났다. 1938년 뉴욕으로 탈출할 수 있는 마지막 기회를 붙든 것이다.

그 직후 레기나 슈타이니츠는 어린 소녀의 몸으로 '수정의 밤Kristallnacht'을 목격했다. 이제 겨우 여덟 살이던 그녀는 오빠들과 같이 오라니엔부르크 거리로 달려가 불에 타는 유대교당에서 책과 서류를 들고 나왔다. 그것들을 집에 무사히 숨긴 후 그녀는 혼자 알렉산더 광장으로 달려가서 수백 명의 사람들이 유대인 가게를 약탈하고 방화하는 장면을 훔쳐보았다. 오빠 테오가 그녀를 찾아내 집으로 데려갔다.

그 직후 테오 역시 가족을 떠났다. 열네 살이던 테오가 게슈타포로부터 24시간 안에 독일을 떠나라는 편지를 받은 것이다. 다행히 테오는 유대인 교구의 도움으로 유대인 아동을 영국으로 실어 나른 아동 수송 작전의 수혜를 입었다.

1940년 1월 어머니가 결핵으로 세상을 떠났다. 그 직후 오빠 브레노마저 하크샤라 그룹*에 들어가 니더라우시츠Niederlausitz의 슈니빈헨Schniebinchen으로 떠났다. 레기나와 루트는 일단 외삼촌 집으로 갔다가 얼마 후 프렌츨라우어베르크에 있는 유대 아동복지시설로 들어갔다. 자매는 시설에서 비슷한 고통을 겪은 또래 여자아이들과 금방 친구가 되었다. 선생님들도 믿고 잘 따랐는데, 선생님들 역시 조금이나마 아이들의 생활을 밝게 만들어주려 최선을 다

●
하크샤라는 히브리어로 '유익하게 만들기'라는 뜻이다. 유대인들은 이 집단에서 팔레스타인 이주를 준비했다. 청년들이 시골 농장에서 히브리어와 유대 의식, 경작법을 배웠다. 하크샤라는 1941년 유대 청년 운동이 조직했다. 1941년 나치는 하크샤라의 기관들을 해체시키거나 유대인 청년들의 강제 노역장으로 만들었다.

했다. 그랬던 만큼 시설이 문을 닫게 되었다는 소식은 더욱 큰 충격이었을 것이다.

레기나는 공포에 질려 언니의 후견인인 질버만 부인에게로 달려갔고 그녀는 루트와 레기나를 맡아줄 위탁 가정을 찾아냈다. 그 직후 아동시설은 문을 닫았고 친구들과 선생님들은 동쪽으로 수송되어 그곳에서 학살당했다.

"모두들 그냥 사라져버렸다."

레기나 슈타이니츠의 인터뷰 보고서에는 그렇게 적혀 있다.

1943년 3월에는 자매도 체포되어 그로센 함부르크 거리의 게슈타포 창고에 감금되었다. 절망의 심정으로 루트는 가족에게 편지를 썼고, 그 편지를 창고에서 다시 나갈 수 있게 된 한 친구의 손에 쥐여주었다.

당장 외삼촌이 달려와 자매가 있는 자리에서 게슈타포 직원에게 설명했다. 이건 다 실수다. 아이들의 성은 기독교도인 어머니의 성이다. 아버지는 누군지 모른다. 루트와 레기나도 얼굴 한 번 본 적 없다. 전쟁 중이라 조사가 어려웠기 때문에 게슈타포는 아버지의 출신을 알아내지 못했다. 자매는 석방되었지만 전쟁이 끝날 때까지 게슈타포에게 다시 끌려갈지 모른다는 불안에 떨었다.

전쟁이 끝난 후 레기나가 처음으로 만난 가족은 오빠 테오였다. 그들이 만나지 못한 8년 동안 레기나는 아동 전담 간호사 교육을 마쳤고, 고등학교 졸업 시험을 치렀다. 이스라엘이 건국되자 루트와 레기나는 베를린을 떠났다. 이스라엘에서는 오빠 브레노를 다시 만났다. 아우슈비츠에 끌려갔다가 살아 돌아온 브레노는 네처 세레니 키부츠에 정착했고, 자매 역시 오빠를 따라 그곳으로 옮겨갔다.

그곳에서 레기나는 장래의 남편 츠비를 만났다. 두 사람은 두 명의 자녀를 두었다. 1956년 아버지가 다시 가족을 찾아왔다.

"다행히 온 가족이 홀로코스트를 견디고 살아남았다."

인터뷰 보고서의 끝머리에는 이렇게 적혀 있다.

"그러나 살아남았다는 마음의 짐이 너무 무거웠기에 그 사실을 극복하고 그 모순을 삶의 일부로 받아들이기 위해서는 집중 심리치료가 필요했다."

기차 안은 숨이 막혔다. 창문을 열고 2010년에 찍은 레기나 슈타이니츠와 츠비 슈타이니츠의 사진을 들여다봤다. 두 사람 다 정말 인상이 좋았다. 친절하고 다정해보였다. 두려워할 필요가 없을 것 같았다. 츠비 슈타이니츠의 서류를 집어들며 나는 이런 내 생각에 깜짝 놀랐다. 뭘 두려워한단 말인가? 내가 독일 사람이어서 그들이 날 미워할까 봐?

츠비 슈타이니츠는 아내보다 세 살 연상이고 홀로코스트로 온 가족을 잃었다. 원래 이름은 헬무트 슈타이니츠고 1927년 6월 1일 폴란드 포즈난에서 태어났다. 가족은 독일 국적의 유대인이었지만 일상생활에서 종교는 크게 중요하지 않았다. 아버지 헤르만은 독일계 실러 김나지움의 외국어 교사였다. 츠비는 피아노를 쳤고 책을 많이 읽었으며 클래식 음악을 들었다. 남동생 루돌프는 그와 달리 운동을 좋아했다. 엄마 살로메아는 전업주부였다.

1935년 9월 15일, 모든 유대인 공직자의 해고를 명한 제국시민법이 제정됨에 따라 헤르만 슈타이니츠는 직장을 잃었다. 돈을 벌기 위해 그는 개인 교습도 하고 책도 썼다. 친구, 지인, 과거의 동료들이 서서히 이 유대인 가족과 거리를 취하며 멀어져갔다. 츠비는 1939년까지 김나지움을 다녔지만 그해 8월 독일이 폴란드를 침공한 직후 테러를 당할지도 모른다는 불안에 온 가족이 시골로 내려갔다. 그것이 부초 같은 삶의 시작이었다.

전쟁이 시작되자 게슈타포는 포즈난의 집을 몰수했

다. 실러 김나지움의 교장이 이 가족을 위해 애써준 덕분에 잠시 집으로 돌아갈 수 있었지만 얼마 못 가 그들은 다시 짐을 싸야 했다.

1939년 10월, 나치의 행정구역 재편으로 라이히스가우 바르텔란트가 탄생하고 군사 지역 포즈난이 독일제국에 합병되었다. 그것을 시작으로 폴란드인과 유대인들이 대거 추방당했다. 츠비, 루돌프, 헤르만, 살로메아는 군 창고로 쓰던 건물에 감금되었다. 그곳에서 6주를 지낸 후 그들은 멀리 떨어진 폴란드 동쪽의 소도시 오스트로비에츠시비엥토크시스키로 강제 수송되었다. 그러나 그런 곳에 일자리가 있을 리 만무했고, 결국 일자리를 찾으려고 사방으로 쫓아다닌 끝에 가족은 크라카우(크라쿠프)까지 가게 되었다.

1941년 4월, 크라카우의 유대인들에게 집을 버리고 빈민 구역 포드고쉐^{Podgórze}로 이주하라는 명령이 떨어졌다. 이 구역이 바로 크라카우 게토가 되었다. 집안 형편이 너무 어려웠기 때문에 츠비는 철물 공장에서 일을 하기 시작했다. 그 나이 또래의 모든 유대인 남성이 그러하듯 츠비는 강제 노역에도 시달려야 했다. 거기에 아버지의 강제 노역까지 그가 대신했다.

그러다가 기록에 적혀 있듯 '1942년 5월 31일' 게토 전 주민을 대상으로 제1차 가스실 해당자 선별 작업이 실시되었다. 츠비 슈타이니츠는 추가 체류 허가를 받았지만 부모와 동생은 수송 대상이 되고 말았다. 이들은 벨체크 수용소로 이송되어 그곳에서 학살당했다.

1942년 12월에는 츠비 슈타이니츠 역시 강제 이송을 당했다. 인근의 플라초프 수용소로 끌려간 것이다. 계속되는 처형과 공개 체벌, 혹독한 야간 작업이 일상사가 되었다. 츠비는 자원하여 다른 수용소로 이송되었다.

"철물공이었던 그가 간 곳은 아우슈비츠였다. 그러나 그곳마저 작업이 어찌나 힘들었던지, 독일 출신 유대인 수인의 도움으로 다른 블록의 독일 군수공장 작업장으로 옮겨가지 않았더라면 아마 쓰러져 죽었을 것이다. 1944년 4월, 그는 다시 거의 50여 개에 달하는 아우슈비츠 서브 캠프 중 하나인 보브레크로 옮겨갔고, 그곳에서 지멘스 비행기 예비 부품 제작에 투입되었다."

1945년 1월 17일, 츠비 슈타이니츠는 점점 거리를 좁혀오는 소련군을 피해 다른 수인들과 함께 죽음의 행군길에 올랐다. 60킬로미터 떨어진 글리비체Gliwice(폴란드 남부 실롱스크 주에 위치한 도시)에서 끝난 행군은 수천 명의 목숨을 앗아갔다. 생존자들은 거기서 다시 화물열차에 실려 사람으로 발 디딜 틈이 없는 강제수용소 부켄발트로 이송되었다. 그곳은 보고서에 기록된 대로 '맨몸 생존'의 현장이었다.

1945년 2월, 지멘스사의 관리 직원들이 부켄발트로 와서 88명의 수인을 하젤호르스트의 지멘스 수용소로 데려갔다. 츠비 슈타이니츠도 그중에 포함되었다. 그러나 그 수용소가 그해 3월에 폭격으로 전파되었기 때문에 그곳에 있던 수인들은 전원 작센하우젠 강제수용소로 이송되었다. 1945년 4월 21일, 나치는 작센하우젠 수용소마저 소개하기로 했다. 츠비를 포함한 3만 3천 명이 다시 행군길에 올랐다.

"11일 후 츠비 슈타이니츠는 슈베린의 라벤 슈타인펠트에 당도했고, 그곳에서 1945년 5월 3일 미군의 손에 풀려났다."

얼마 안 있어 그는 자신만 빼고 온 가족이 죽었다는 사실을 알았다. 그래서 하크샤라 그룹에 들어가서 팔레스타인으로 향했고, 1946년 3월 28일 그곳에 도착했다. 그룹은 네처 세레니 키부츠를 건설했고, 츠비 슈타이니츠는 채소밭을 책임졌다. 아내 레기나도 거기서 만났다.

1951년 부부는 리숀 레지온으로 이사를 했다. 츠비 슈타이니츠는 화훼 전문가가 되었고 은퇴할 때까지 그 일을 했다.

"그동안은 일을 하느라 딴생각을 못했는데 일손을 놓고 나니 과거의 아픈 기억이 떠올랐고 가족이 사무치게 그리웠다. 그는 심리치료를 받으며 과거를 극복하고 기억하기 시작했고, 자서전을 썼다. 학살당한 가족의 추모가 주목적이었다."

베를린 서부의 저 안쪽에 자리한 라트하우스 슈테글리츠 역에서 나는 내렸다. 슈타이니츠 부부와 만나기로 약속한 호텔이 저 멀리서 뜨거운 햇살을 받아 가물거렸다. 부부는 강연을 하기 위해 베를린에 왔다. 레기나는 예전에 살았던 아동보호시설에서 강연을 할 것이다. 호텔로 걸어가는 동안 넘지 말아야 할 경계선을 넘는 사람처럼 가슴이 답답하고 마음이 좋지 않았다.

미니 실버카를 미는 여자와 빼빼 마른 남자가 로비를 건너왔다. 그들은 미소를 띠며 나를 향해 다가왔다. 더운데 오느라 고생하지 않았냐고 레기나가 걱정스레 물었다. 우리는 엘리베이터를 타고 2층으로 올라갔다. 그곳에 아침 식사를 하는 식당이 있는데, 그 시간이면 텅 빈다.

레기나와 츠비는 창가 자리를 골랐다. 자리에 앉자마자 츠비의 팔뚝에 새겨진 번호가 눈에 들어왔다. 파란색의 희미한 번호, 빛바랜 타투. 무슨 계기로 용서에 대한 책을 쓰게 되었는지 레기나가 물었다. 나는 짧게, 아주 짧게 엄마 이야기를 했다. 그 순간에는 내 사연이 정말이지 무의미하게 느껴졌기 때문이다. 하지만 레기나가 캐물으며 자세히 알고 싶어 했다. 나의 설명에 그들은 고개를 저었고, 부부의 눈빛에는 깊은 연민이 서렸다.

잠시 후 츠비가 말했다.

"그 일을 용서할 수 있어요?"

나는 아무 말도 하지 않았지만 살짝 기분이 좋아졌다. 지금 내 앞에 앉아서 나를 동정하는 사람들이 과연 홀로코스트 생존자들인가?

"이봐요."

레기나가 입을 열었다.

"남편과 나, 우리 두 사람은 부모를 미화할 수 있어요. 특히 남편은 더 그렇죠. 자기 부모가 어떤 부모였는가를 알리는 것이 인생의 과업이라고 생각하니까요. 나도 크게 다르지 않아요. 내게는 대단한 엄마와 아버지가 계셨죠.

그런데 모든 것이 찢어지고 흩어졌어요. 그때 우리는 미처 부모로부터 해방되고 싶은 나이도 되지 못한 아이였어요. 자기 부모가 어떤 사람인지도 모를 나이였죠."

나는 두 사람에게 블라디미르 얀켈레비치의 태도에 대해 들려주었다. 모든 독일적인 것을 향한 그의 거부에 대해서. 다시는 독일 음악을 듣지 않겠다고, 독일 땅을 밟지 않겠다고, 용서하지 않겠다고 했던 그의 말에 대해…. 그리고 그들에게, 츠비와 레기나에게 독일 사람들을 어떻게 생각하느냐고 물었다.

츠비가 부인을 쳐다보며 자신이 말해도 되냐고 물었다. 그는 이스라엘에서 꽃을 해외로 수출하는 회사에 다녔다. 당연히 독일로도 수출을 했다. 고객이 직접 이스라엘까지 와서 화원을 찾는 일도 많았다. 그런데 1960년대 그곳에서는 그가 독일어를 할 줄 아는 유일한 사람이었다. 찾아오는 독일인들은 다들 젊었고 그래서 혐의가 없었다. 실제로 당시에는 철저한 조사를 거쳐 혐의가 없는 사람들만 이스라엘로 갈 수 있었다.

"처음에는 쉽지 않았어요. 하지만 나중에는 그런 사람들하고 친구가 되어서 독일로 놀러오기도 했죠. 나는 이 범죄 때문에 독일 국민 모두를 탓하지는 않아요."

츠비는 잠시 쉬었다 말을 이었다. 하지만 프랑크푸르트에서는 기분이 좋지 않았다고 한다. 1974년 그들은 회사에서 파견 근무를 원했기 때문에 1년 동안 프랑크푸르트에서 살았다.

"거기서는 나이 든 사람은 다 그 옛날의 나치인 듯한 느낌이 들었죠. 그때는 독일에 사는 것이 좋지 않았어요."

"물론 우리 부부가 독일에서 겪었던 일을 잊을 수는 없어요."

레기나 슈타이니츠가 옆에서 거들었다.

"그건 불가능하죠. 지금까지도 우리 안에 생생하게 살아 있어요."

그녀는 프랑크푸르트에서 백화점에 갔다가 '고함 소리를 들었던' 순간을 아직도 또렷하게 기억했다.

"그리스 외교관 부인 같아 보였는데, 한 부인이 바구니를 막 뒤지니까 간수가(레기나 슈타이니츠는 정말로 '간수'라고 말했다.) 와서 뭐라고 막 야단을 쳤어요. 정말로 예의 없이 굴었는데, 그 부인이 아주 당당하게 그를 나무라더군요. 한 번만 더 목소리를 높이면 따귀를 맞을 거라고 하면서요. 내 옆에 한 신사가 서 있다가 나한테 이러는 거예요. '저 외국 여자 하는 꼴 좀 봐요.' 내 귀에는 이렇게 들리더라고요. '저 유대인 여자 하는 꼴 좀 봐요. 천박하기는.'"

그런 이야기는 참 많다고 레기나의 남편이 끼어들었다. 택시를 탔을 때도 그런 일이 있었단다.

"그 택시 안내인(츠비 슈타이니츠는 정말로 '안내인'이라고 말했다.)은 당연히 내가 이스라엘 사람이란 것을 몰랐죠. 갑자기 유대인들이 보상금을 너무너무 많이 받아간다고 그가 욕을 하기 시작하는 거예요. 나는 아무 대꾸도 안 했어요."

츠비는 또 아이들한테는 한 번도 독일어를 쓴 적이 없다고 말했다.

"아들은 1952년 11월에 태어났어요. 이스라엘 건국 4년 후죠. 아이들하고 독일어를 쓰기에는 때가 너무 일렀죠. 그럴 수가 없었어요."

그가 잠시 말을 멈추었다.

"아버지는 고등학교 교사였고 교육을 많이 받은 사람이었어요. 독일어를 가르쳤고 완벽한 독일어를 구사했죠. 나는 아쉽게도 그렇지 못해요. 집에서 듣고 학교에서 12학년까지 배운 것으로는 부족하죠. 내 인생이 달랐더라면 아마 대학에 갔겠지만요."

다큐멘터리 영화 〈멩겔레 박사 용서하기〉에 출연한

에바 모제스 코르를 아는지 내가 물었다. 레기나와 츠비는 고개를 저었다. 나는 열 살에 가족과 함께 아우슈비츠로 끌려갔지만 지금은 독일인들을 용서한 그 여성의 이야기를 들려주었다.

레기나가 말없이 나를 빤히 쳐다보더니 이렇게 말했다.

"그래요? 그거 멋지네요."

츠비는 말했다.

"그런 일을 용서해도 된다니, 난 그렇게 생각하지 않아요. 사람들을 그렇게 잔인하게 학살했는데, 그건 용서할수 없어요. 우리 가족이 벨기츠로 끌려가던 때를 생각하면… 얼마나 열차에 갇혀 있었는지 밖으로 나왔을 때 다들 초죽음이었어요. 그런 짓을 용서할 수 있나요? 그런 짓에 관대할 수 있나요? 그 부인이 스스로를 피해자라고 느낀다면 그건 지극히 개인적인 문제라고 생각해요."

그는 자신을 피해자라고 생각하지 않았다. 물론 실제로는 피해자였다. 하지만 그는 단 한 번도 그렇게 느껴본적이 없었다.

"나는 살아남았어요. 진짜 피해자는 학살당했거나 더이상 생존 능력이 없었던 사람들이죠."

그는 생존 능력이 있었다. 그 당시 전쟁이 끝난 그 시절에 말이다. 그는 '지극히 정상적인 사람'처럼 생활했고, 포기하고 이스라엘 건국에 매진할 각오가 되어 있었다. 지난 몇십 년 동안 그는 과거 생각을 전혀 하지 않았다. '그런 추모 행사'에 간 적도 없었다.

"딱 한 번 작센하우젠 위원회 회원 자격으로 화환 증정식에 참석한 적이 있었어요. 정치인들이 왔더군요. 대통령도 왔고, 군인들도 왔고요. 행사가 끝나자 그들은 가버렸어요. 누가 남았겠어요? 늙은 생존자들만 덩렁 남았죠. 불쾌했어요."

그리고 그는 집요하게, 고집스레 반복했다. 자신은 단한 번도 자신을 희생자로 느낀 적도, 희생자라고 부른 적도 없었노라고. 그는 항상 자신을 끝까지 인간일 수 있었던 인간으로 생각했노라고.

"나는 복수심도 증오심도 느끼지 않아요. 이게 다 훌륭한 부모님 덕분이죠."

츠비는 에바 모제스 코르와 관련하여 이렇게 말했다.

"그 부인이 자신을 희생자라고 느끼고 홀로코스트를 용서함으로써 그 감정에서 해방된다고 생각한다면 홀로코스트가 잊힐 위험이 있습니다. 용서할 수 없기 때문에 희생자를 기억해야 하는 겁니다. 우리에게는 희생자의 이름으로 용서할 권리가 없습니다. 따라서 그들을 기억해야 하고 그들에 대해 기록해야 합니다. 그래야 그 사람들이 한때 살았고 활동했다는 사실을 모두가 알 테니까요. 우리 부모님이 그러했듯이요."

에바 모제스 코르와 얀켈레비치의 태도는 극단적이라는 점에서 같다고 레기나는 말했다.

"코르는 자발적으로 용서한 것이 아닙니다. 그 의사에게 감사해야 한다는 의무감을 느꼈기 때문에 용서한 것입니다. 나는 얀켈레비치같이 생각하는 유대인들을 많이 알고 있습니다. 폴란드에서 온 내 올케도 그중 하나죠. 올케는 여전히 증오와 고통을 느낍니다. 절대 용서할 수가 없답니다. 지금도 그녀는 가스실 방향인 왼쪽으로 걸어가던 부모님의 모습을 또렷하게 기억합니다. 자기는 오른쪽 작업장으로 갔고요. 지금도 그 장면이 계속 눈앞에 아른거린답니다. 우리 형부도 그렇습니다. 형부는 4년 동안 폴란드 우치의 게토에서 살았는데 아버지가 거기서 굶어 죽었답니다. 그리고 형부는 아우슈비츠로 끌려갔죠. 지금도 형부는 독일어를 못 듣습니다. 왼쪽, 오른쪽, 왼쪽, 오른쪽, 왼쪽, 오른쪽! 형부한테는 그 말이 독일어입니다. 실러나 괴테가 아니라요. 그랬으니 얀켈레비치의 실망도 너무나 컸겠지요. 그가 독일 문화와 함께 성장했다고 하셨죠? 그랬는데 그 국민이 수백만 명을 죽음으로 몰았으니까요."

나는 레기나와 츠비에게 기억이 떠오르면 어떤 기분이 드는지 물었다.

"아픔이죠. 평생 그것과 더불어 살 수밖에 없어요."

옆에서 츠비도 거들었다.

"그 아픔에서 달아날 수가 없어요."

잠시 입을 다물었다 그가 다시 말했다. 사실 그가 절대로 떨쳐버릴 수 없는 것은 그 순간이라고. 부모님을 마지막으로 보았던 그 순간.

"열다섯 번째 생일을 하루 앞둔 날이었습니다. 크라카우 게토의 전 주민에게 유대교당으로 오라는 명령이 떨어졌죠. 거기서 체류 허가 도장을 받으면 계속 게토에 살 수가 있었어요. 하지만 추방 판정을 받은 사람은 신분증명서에 북북 십자로 줄을 그었어요. 우리는 아침부터 저녁 6시까지 출입구 앞에 줄을 섰어요. 사람이 얼마나 많았는지 몰라요. 수천 명은 되었죠. 교당에서 계속 사람들이 나왔어요. 허가를 받은 사람과 허가를 받지 못한 사람, 하늘을 찌를 듯한 기쁨의 함성과 비극적인 표정의 사람들. 드

디어 우리가 안으로 들어갔어요. 넓고 긴 복도가 있었는데 양쪽으로 책상이 죽 놓여 있었어요. 이름 알파벳마다 책상이 따로 있었고 게슈타포가 앉아 있었죠. 왼쪽 첫 번째 책상이 S였어요. 아버지, 남동생, 내가 그곳에 가서 줄지어 섰죠. 아버지와 남동생 차례가 되었는데….″

내가 끼어들어 어머니는 어디 계셨는지 물었다.

″어머니는 안 왔어요. 그럴 필요가 없었죠. 어머니의 신분증명서가 아버지 손에 있었으니까요. 때마침 아버지와 남동생 차례가 되었을 때 다른 게슈타포 남자가 도장을 건네받았어요. 그 남자의 표정에 살기와 잔인함이 그득했어요. 나는 가만히 서서 그 남자가 기계처럼 남동생과 아버지와 어머니의 신분증에 십자로 줄을 북북 긋는 모습을 보았어요. 내 생존 본능이 어서 다른 줄로 가라고 내 귀에 속삭였죠. 나는 아버지와 남동생에게 기별도 하지 않고 그 줄에서 도망을 쳤어요. 그리고 겁이 나 벌벌 떨면서 L자가 쓰인 줄로 가서 섰죠. 거기서 체류 허가를 받을 가망이 있을지는 몰랐지만 어쨌든 몇 초 안에 마음을 정해야 했죠. 나는 결심하고 책상으로 다가갔어요. 독일 우체국 소속인 임버만 철물공장에서 일했다는 증명서를 손에 꼭 쥐고 있었죠. 그리고 유창한 독일어로 말했어요.

'임버만 철물공장에서 일했습니다.' 그 남자가 내게 '말을 너무 많이 하지 마라.'고 주의를 주더니 도장을 찍어줬어요. 나는 용기를 내서 부모님이 체류 허가를 못 받았는데 바꾸어줄 수 있는지 물었어요. 그는 그럴 수 있지만 동료가 동의를 해야 한다고 말했죠. 당연히 그 동료는 동의하지 않았어요. 그날 이후 나는 평생 자문합니다. 왜 그 남자는 내게 체류 허가를 내주었을까? 대답은 하나뿐입니다. 내가 그와 독일어로 이야기를 했기 때문이죠. 아마 그는 독일어를 듣고 깜짝 놀랐을 겁니다. 1942년 6월 1일 아침, 나는 집합 장소로 가는 부모님과 남동생을 따라갔습니다. 문에는 두 명의 친위대 장교가 서 있었죠. 그런데 이 가엾은 사람들을 바라보는 그들의 표정에 어찌나 심한 경멸이 서렸던지 그만 아버지가 못 참고 그 두 장교에게 달려들었습니다. 아버지가 분노가 실린 큰 목소리로 그들에게 외쳤죠. '이 살인자들! 이 나쁜 놈들!' 아버지는 이 말을 두 번 외쳤습니다. 그건 더 이상 잃을 것이 없다는 것을 아는 사람만이 할 수 있는 행동이지요. 그러다가 아버지를 놓쳤습니다."

레기나가 말을 거들었다.

"그들이 즉각 권총을 빼들었대요. 문 앞에 서 있던 한 유대인 경찰관이 츠비의 아버지를 얼른 집합소로 밀어넣는 바람에 다행히 피바다는 면했지요."

"나는 아무도 없는 우리 방으로 돌아왔습니다. 얼마 후 복도에서 큰 소리로 훌쩍이는 어머니의 울음소리가 들렸어요. 어머니가 유대인 경찰을 대동하고 다시 집으로 돌아온 것이었죠. 내게 작별 인사를 하기 위해서였을까요? 아니면 무슨 일이 있었는지 내게 말해주려고? 모르겠습니다. 어머니가 못 알아볼 정도로 변해 있었습니다. 쓰러지기 일보 직전이었죠. 내가 알던 어머니가 아니었습니다. 뭔가 끔찍한 일을 겪은 게 틀림없었습니다. 어머니는 울기만 할 뿐 한 마디도 하지 않았습니다. 왜 어머니는 말하지 않기로 작정했을까요? 지금까지도 나는 무슨 일이 있었던 것인지 자문합니다. 그럴 때마다 답은 하나입니다. 어머니가 보는 앞에서 그들이 아버지를 쏘아 죽였던 겁니다. 다른 답이 없습니다. 나는 집합소로 돌아가는 어머니를 다시 따라갔습니다. 그러나 무슨 일이 있었던 것인지, 동생 루돌프는 어디에 있는지 알지 못했습니다. 동생도 총에 맞아 죽었을까요?"

"이런 기억은 사라지지 않습니다. 평생 끌고 다녀야 하는 기억이지요."

레기나가 말했다.

그사이 밖이 어두워졌다. 나는 식사를 하러 가자고 제안했다. 우리는 바로 옆 골목의 허름한 식당으로 들어갔다. 나는 레기나에게 그녀의 기억, 그녀의 아픔을 물었다. 츠비와 결혼하고 나서 막 두 달이 지났을 때였다. 그때 이스라엘에서 그녀는 정말로 '무너졌다'. 신혼 방도 있었고 오빠도 다시 만났다. 다 좋아 보였다.

"마음 편히 다 내려놓을 수 있었어요. 그런데 갑자기 구토가 찾아왔죠. '왜 사람들이 춤을 출까?' 그런 생각이 들었어요."

잠시 그녀가 말을 멈추고 물을 홀짝였다. 한번은 네덜란드에서 꽃을 파는 상인이 그들을 보러 왔다. 그가 선물로 레코드판을 들고 왔는데 마지막 곡이 어떤 네덜란드 합창단이 부른 모차르트의 노래였다. 듣자마자 무슨 노래인지 알아맞혔다.

"형제여, 형제의 의를 맺으라. 이 아름다운 우정의 시간이…' 학교에서 늘 그 노래를 불렀습니다. 그런데 갑자기 모두가 사라졌어요. 학교 친구들, 선생님들, 학교 합창단…. 그 사람들을 어떻게 잊을 수 있나요?"

친했던 친구들 중에서는 한 명만 아우슈비츠에서 살

아남았다. 선생님들은 한 분도 돌아오지 못했다.

지금도 가끔씩 구토가 나고 발작처럼 울음이 터진다고 했다. 베를린에 와서 묵은 이 며칠 동안에도 그랬다.

"베를린은 다시 예전처럼 아름다운 도시가 되었어요."

그래도 가끔씩 모든 것이 너무 견디기 힘들 때가 있다.

"그런 감정이 얼마나 깊이 박혀 있는지 나도 알 수가 없어요."

식사가 나왔다. 풍성했다. 일주일 동안 안 먹어도 되겠다고 츠비가 웃으며 말했다. 제일 큰 아픔은 몸으로 겪는 고통이 아니라고 그가 말했다. 가족을 잃은 것이 제일 큰 아픔이라고.

"그것이야말로 절대로 회복할 수 없는 가장 깊은 아픔이지요."

시간이 늦었다. 네 시간 동안의 대화는 다 녹음했다. 하지만 한 가지 더 묻고 싶은 것이 있었다. 나는 두 사람에게 우리가 만나기 전 가슴이 답답했다고 털어놓았다. 나는 죄를 짓지 않았지만 그럼에도 내 안에 죄가 있는 것처럼 느꼈다고. 그것이 도덕적으로 올바른 기분일까?

레기나가 답했다.

"죄책감은 다시 다른 사람에게 죄를 씌웁니다. 어른이

라면 아이들에게는 그러지 말아야 할 의무가 있어요."

"죄책감을 갖고 사는 사람들은 많은 일을 하지 못합니다. 그것에 짓눌려 살지요. 자식들에게 그 죄책감을 물려줘서는 안 됩니다."

츠비도 같은 생각이었다. 잠시 후 그가 다시 덧붙였다.

"우리도 우리 아이들을 보호하고 싶었답니다. 우리 과거는 우리끼리 간직하고 싶었어요."

하지만 오래가지 못했다. 예순 살이던 해 그는 심각한 우울증 탓에 결국 말을 할 수밖에 없었다. 아니, 더 정확하게 말해 글을 쓸 수밖에 없었다.

그는 여러 권의 책을 썼다. 그중 한 권인《우연히 홀로코스트에서 구조되다》를 우리가 헤어진 후 그가 우편으로 보내왔다. 부제는 '크라카우 게토와 독일 강제수용소에서 살아남은 포즈난 출신의 이스라엘 남자가 과거를 회상하다. 1927-2012'이다.

아들 아미가 기록을 도와주었다고 한다. 아들은 어른이 된 후에 아버지가 겪은 일을 알게 되었다. 어머니의 인생도 어머니가 고령이 되어 펴낸 책을 보고서 알았다.

"아들도 그런 문제를 대면하기가 쉽지 않았습니다. 우리는 알고 있었지요. 그래서 그런 이야기는 절대 하지 않습니다. 우리가 일부러 피하는 거죠."

아들과 10년 터울인 딸 슐로미트는 홀로코스트와 '최대한 멀리' 거리를 취한다.

"우리 손자들도 마찬가지입니다. 그 애들에게는 자기 인생을 살 권리가 있어요."

물론 손자들도 '이스라엘의 모든 아이들처럼' 아우슈비츠와 크라카우를 가보았지만 거기서 무엇을 느꼈는지 두 사람은 알지 못한다.

"우리는 그런 이야기를 안 합니다."

나는 밥값을 내고 두 사람을 다시 호텔로 데려다주었다. 70년 전 증오가 폭발했던 그 어두운 거리를 우리는 나란히 걸었다. 그리고 나는 전철을 타고 현재로 돌아왔다.

열린 문

주말농장 정자 지붕 밑은 기분 좋게 서늘했다. 근처 수영장에서 외치는 고함 소리가 거기까지 들렸다. 시계를 보니 2시 10분이었다.

"정말 올까?"

여동생이 다른 사람들은 못 듣게 소리 죽여 물었다. 여동생의 맞은편에는 새아버지가, 옆에는 내 친아버지가 앉아 있었다. 두 사람은 각자의 아내를 데리고 왔고 제부도 왔다. 모두가 신이 나서 떠들어대고, 인사를 주고받고, 함께 휴가를 보냈다. 남편이 사과 케이크를 나누어주고, 우리 아기는 용감하게 이 사람 품에서 저 사람 품으로 옮겨다녔다. 딸아이는 식탁 밑에서 홍날개를 모으고 있었다.

오늘은 나의 마흔 번째 생일이다. 아직 오지 않은 이는 단한 사람, 엄마뿐이었다.

이른 아침, 나뭇잎에는 이슬이 맺혔고 식구들은 아직단잠에 빠져 있었다. 나는 커피 잔을 들고 정원을 걸으며여동생이 몇 년 전에 내게 던졌던 질문을 곱씹었다.

'엄마를 용서했어?'

용서했을까? 정말 확신 있게 말할 수 있을까?

'용서했어. 완전히.'

나는 생각했다. 그 반대가 진실이어서가 아니다. 나는엄마를 '용서하지 않은' 것이 아니다. 하지만 용서했다는말이 과연 무슨 뜻일까? 나의 비유가 어떤 부분에서는 좀맞지 않을 수도 있겠지만 그런 말은 대충 "나 담배 끊었어." 같은 말과 비슷한 정도의 진실을 주장할 수 있을 것이다. 담배를 끊었다는 말이 두 번 다시 담배를 입에 대지않겠다는 말일까?

엄마가 또 나를 피한다 해도 여전히 엄마를 용서할 만큼 나는 정말 그렇게 굳건한가? 지금은 손자들을 무척이나 아끼지만 갑자기 종적을 감추고 더 이상 애들에게 관심을 안 보인다 해도?

용서는 포기의 행위다. 용서하는 사람은 보상을 포기

한다. 하지만 이런 포기는 그것이 유지되는 동안, 유지될 수 있는 동안까지만이다. 용서는 한순간에 일어나는 것이 아니다. 시간을 두고 진행된다. 또 용서는 오늘은 되는데 내일은 다시 안 되는 그런 것이 아니다.

"난 널 용서해."라는 말은 "난 널 사랑해."라는 말과 비슷한 효력과 절대성을 갖는다. 3주 후에는 다르게 생각하고 다르게 느낄 것이라는 것을 이 순간 이미 알고 있으면서 그런 말을 확신 있게 내뱉을 사람은 없다.

물론 나는 내 입으로 엄마에게 단 한 번도 "엄마를 용서해."라는 말을 한 적이 없다. 그런 말을 하는 나를 상상할 수도 없다. 내 귀에는 그런 식의 말이 너무 유치하고 불손하며, 너무 상투적이다. 진짜 용서는 언어 행위와 결합되지 않는다. 용서는 침묵하며 일어나고, 행동으로 드러난다.

뒷주머니에서 벨소리가 들렸다.

"나 지금 도착했어. 농장 단지 출입문 앞에서 기다리고 있을게."

엄마가 말했다. 나는 여동생과 벌떡 일어나 엄마를 데리러 갔다.

"너희 정자에 내 반생이 앉아 있구나."

가방을 들고 농장 단지의 큰길을 걸으며 엄마가 내게
이렇게 말하고 웃었다. 두 딸의 호위를 받으며 엄마는 농
장 문으로 들어섰다.

감사의 글

인터뷰에 응해주신 기젤라 마이어, 테겔 교도소 성경 공부 모임, 레기나 슈타이니츠, 츠비 슈타이니츠, 비아르트 라벨링에게 감사합니다.

언제나 내 영감의 원천이 되어주는 볼프람 아일렌베르거와 안네 조피 모로에게, 소중한 가르침을 주신 파비안 베른하르트에게도 감사합니다.

슈타이니츠 부부와 만나게 도와주신 다니엘 바라노프스키에게 감사합니다.

부족한 각주를 채워준 에바 마리아 게르스텐라우어에게, 편집을 맡아주신 크리스티아네 나우만에게, 교정을 해주신 미하엘 그래프에게 감사의 인사를 드립니다.

그리고 나의 영원한 파트너 플로리안 베르너에게 모든 것에 다 감사하다고 전하고 싶습니다.

미주

1   포기와 용서의 관계에 대해서는 다음 자료를 참조할 것.
     Macho(1988).

2   Weingardt(2003), p.13.

3   Macho(1988), p.139.

4   Derrida(2000), p.11.

5   Derrida(2000), p.14.

6   Arendt(2011), p.305f.

7   Jankélévitch(2006), p.46.

8   http://www.zeit.de/wissen/geschichte/2015 – 04/
     nationalsozialismus–auschwitz–anklage–oskar– groening
     (2015. 7. 21).

9   Derrida(2000), p.12.

10   Derrida(2000), p.10

11   Derrida(2000), p.16.

12   Derrida(2000), p.14.

13   Derrida(2000), p.11.

14   Tipping(2007) 참조.

15   Arendt(1994), p.110.

16   Arendt(1994), p.110.

17   Pauen / Welzer(2015), p.25.

18   Pauen / Welzer(2015), p.23.

19   Dostojewski(1990), p.94.

20   Merkel(2014), p.134.

21   Merkel(2014), p.135.

22   Ibsen(2012), p.89.

23   Koschorke(2001), p.94.

24   Kodalle(2013), p.282에 인용한 것을 재인용함. Abaelard: Scrito
      te ipsum－Erkenne dich selbst. Hrsg. von Ph. Steger. Hamburg
      2006. §37.

25   Nietzsche(1999b), p.582.

26   Liessmann(2015), p.9f.

27   Hobbes(1996), p.104.

28   Hobbes(1959), p.59.

29   Hobbes(1996), p.105.

30   Kant(1999), p.45.

31   Kant(2003), p.22f.

32   Kant(2003), p.34.

33   Sade(1996), p.95.

34   Stockhausen(2001): www.heise.de/tp/artikel/9/9595/1.html

35   Arendt(1986), p.425.

36   Arendt(1986), p.425.

37   Lévinas(2008), p.283.

38   Lévinas(2008), p.284.

39   Lévinas(2008), p.285.

40   Lévinas(2008), p.286.

41   Lévinas(2008), p.437.

42   Lévinas(2008), p.445.

43   Lévinas(2008), p.443.

44   Lévinas(2008), p.414f.

45   Lévinas(2008), p.413.

46   Lévinas(2008), p.413.

47   Arendt(2011), p.308.

48   Arendt(2011), p.309.

49   Arendt(2011), p.308.

50   Ricœur(2004), p.755.

51   Ricœur(2004), p.759.

52   Mauss(1990), p.22.

53   Mauss(1990), p.35.

54   Mauss(1990), p.34f.

55   Mauss(1990), p.24.

56   Mauss(1990), p.93f.

57   Nietzsche(1999c), p.295.

58   Nietzsche(1999c), p.295.

59   Nietzsche(1999c), p.297.

60   Nietzsche(1999c), p.298.

61   Nietzsche(1999c), p.299f.

62   프랑스 사학자이자 철학자 미셸 푸코는 니체를 인용하면서 이런 형벌의 변천과 그것이 주체 구성에게 미치는 의미를 추적했다. Foucault(1994).

63   Nietzsche(1999c), p.308.

64   Nietzsche(1999c), p.308f.

65   Nietzsche(1999c), p.309.

66   Nietzsche(1999c), p.309.

67   Nietzsche(1999c), p.333f.

68   Sloterdijk(2008), p.52.

69   Sloterdijk(2008), p.52f.

70   Sloterdijk(2008), p.53.

71   Sloterdijk(2008), p.53.

72   Derrida(2000), p.11.

73   Ricœur(2004), p.712.

74   Ricœur(2004), p.712.

75   Kodalle(2013), p.279 참조. "신약에서 보이는 예수의 행동과 말
      은 (……) 신을 본성상 그 존재로 볼 때 (신을 설명하는 다른 그
      어떤 말보다도) 용서로서 이해해야 한다는 가정을 촉구한다."

76   Derrida(2000), p.12.

77   Bataille(2001), p.12.

78   Bataille(2001), p.10.

79   Bataille(2001), p.11.

80   Bataille(2001), p.12.

81   Bataille(2001), p.12.

82   Bataille(2001), p.13.

83   Bataille(2001), p.13.

84   Sarthou-Lajus(2013), p.12.

85   Sarthou-Lajus(2013), p.13.

86   Sarthou-Lajus(2013), p.39f.

87   Sarthou-Lajus(2013), p.53.

88   Arendt(2011), p.302.

89   Arendt(2011), p.305f.

90   Weinrich(2005), p.18f 참조.

91   Macho(1988), p.138.

92   Nietzsche(1999c), p.291.

93   Nietzsche(1999c), p.291f.

94   Nietzsche(1999a), p.251.

95   Nietzsche(1999d), p.267.

96   Cyrulnik(2001), p.28f.

97   Cyrulnik(2001), p.29f.

98   Cyrulnik(2001), p.20.

99   Bernhard(1988), p.199.

100   Ricœur(1998), p.145.

101   Freud(2000b) 참조.

102   Hegel(1986), p.492.

103   Ricœur(1998), p.147.

104   Macho(1988), p.140.

105   Ricœur(1998), p.145.

106   Ricœur(1988), p.155.

107   Raveling(2014), p.9에 인용한 것을 재인용함.

108   Raveling(2014), p.10.

109   Jankélévitch(2006), p.9f.

110   Jankélévitch(2006), p.17.

111   Jankélévitch(2006), p.16.

112   Raveling(2014), p.11−13.

113   Raveling(2014), p.14.

114   Raveling(2014), p.17f.

115   Raveling(2014), p.31.

116   Raveling(2014), p.32.

117   Raveling(2014), p.12.

118   Assmann(2013), p.208.

119   Meier(2013), p.13.

120   Meier(2013), p.15 f.

121   Meier(2010), p.10에 인용한 것을 재인용함.

122   Meier(2010), p.41에 인용한 것을 재인용함.

123   Meier(2010), p.44f.

124   Meier(2010), p.49f.

125   Meier(2010), p.97.

126   Derrida(2000), p.13.

127   Derrida(2000), p.13.

128   Derrida(2000), p.13.

129   Derrida(2000), p.13.

130   Jankélévitch(2006), p.46.

131   Bullion(2014), p.5.

132   Bullion(2014), p.5.

133   Derrida(2000), p.10.

134   Derrida(2000), p.10.

135   Assmann(2013), p.9f.

136   Freud(2000a), p.426ff.

137   Assmann(2013), p.64.

참고 문헌

Arendt, Hannah

1986   *Eichmann in Jerusalem. Ein Bericht über die Banalität des Bösen, 1.*
        Auflage(Leipzig: Reclam)

1994   *"Verstehen und Politik",* In: *Zwischen Vergangenheit und Zukunft.*
        Übungen im politischen Denken, I. Hrsg. von Ursula Ludz. Deutsche
        Erstausgabe(München und Zürich: Piper), pp.110-127

2011   *Vita activa oder vom tätigen Leben,* 10. Auflage(München und
        Zürich: Piper)

2013   *Das Urteilen. Texte zu Kants Politischer Philosophie,* 2. Auflage
        (München und Zürich: Piper)

Assmann, Aleida

2013   *Das neue Unbehagen an der Erinnerungskultur. Eine Intervention*
        (München: C. H. Beck)

Assmann, Jan

2013   *"Es gibt keine wahre Religion",* Gespräch mit Wolfram Eilenberger
        und Svenja Flaßpöhler, In: *Philosophie Magazin,* 2013. 6, pp.62-67

Bataille, Georges

2001   *Die Aufhebung der Ökonomie,* Herausgegeben von Gerd
        Bergfleth. 3., erweiterte Auflage(Berlin: Matthes & Seitz)

Bernhard, Thomas

1988   *Auslöschung. Ein Zerfall*(Frankfurt am Main: Suhrkamp)

Bernhardt, Fabian

2014   *Zur Vergebung. Eine Reflexion im Ausgang von Paul Ricœur*(Berlin: Neofelis)

Bullion, Constanze von

2014   *"Eine Bitte, nach 70 Jahren",* In: *Süddeutsche Zeitung,* Nr. 56, p.5

Cyrulnik, Boris

2001   *Die Kraft, die im Unglück liegt. Von unserer Fähigkeit, am Leid zu wachsen,* Deutsche Erstausgabe. Übersetzt von Rita Kluxen‑Schröder(München: Goldmann)

Derrida, Jacques

2000   *"Jahrhundert der Vergebung",* Gespräch mit Michel Wieviorka. In: *Lettre International,* Heft 48, pp.10‑18

Dostojewski, Fjodor

1990   *Schuld und Sühne,* Ein Roman in sechs Teilen mit einem Epilog.

Übersetzt von H. Röhl. 8. Auflage(Berlin und Weimar: Aufbau)

Foucault, Michel

1994   *Überwachen und Strafen. Die Geburt des Gefängnisses,* Übersetzt von
        Walter Seitter(Frankfurt am Main: Suhrkamp)

Freud, Sigmund

2000a   *"Totem und Tabu",* In: Studienausgabe. Herausgegeben von
         Alexander Mitscherlich u. a. Band IX: *Fragen der Gesellschaft,*
         Ursprünge der Religion(Frankfurt am Main: Fischer), pp.287-444

2000b   *"Erinnern, Wiederholen und Durcharbeiten",* In: Studienausgabe.
         Herausgegeben von Alexander Mitscherlich u. a. Ergänzungsband:
         Schriften zur Behandlungstechnik(Frankfurt am Main: Fischer),
         pp.205-216

Hegel, Georg Wilhelm Friedrich

1986   *Phänomenologie des Geistes*(Frankfurt am Main: Suhrkamp)

Hobbes, Thomas

1959   *"Widmung an Se. Exz. Den Grafen Wilhelm von Devonshire",*
        In: *Vom Menschen. Vom Bürger,* Herausgegeben von Günter
        Gawlick(Hamburg: Felix Meiner), pp.59-63

1996   *Leviathan,* Herausgegeben von Hermann   Klenner(Hamburg:
        Felix Meiner)

Ibsen, Henrik

2012   *Nora(*Ein Puppenheim*)*, Schauspiel in drei Akten. Übersetzt von
        Richard Linder(Stuttgart: Reclam)

Jankélévitch, Vladimir

2006   *Verzeihen?,* Übersetzt von Claudia BredeKonersmann(Frankfurt
        am Main: Suhrkamp)

Kant, Immanuel

1999   *Grundlegung zur Metaphysik der Sitten,* Herausgegeben von
        Bernd Kraft und Dieter Schönecker, 1. Auflage(Hamburg: Felix
        Meiner)

2003   *"Von der Einwohnung des bösen Prinzips neben dem Guten: oder*
        über das radikale Böse in der menschlichen Natur", In: *Die Religion*
        innerhalb der Grenzen der Vernunft, Herausgegeben von Bettina
        Stangneth, 1. Auflage(Hamburg: Felix Meiner), pp.21‒73

Kodalle, Klaus‒Michael

2013   *Verzeihung denken*(München: Wilhelm Fink)

Koschorke, Albrecht

2001   *Die Heilige Familie und ihre Folgen. Ein Versuch,* 3. Auflage
        (Frankfurt am Main: S. Fischer)

Lévinas, Emmanuel

2008   *Totalität und Unendlichkeit. Versuch über die Exteriorität,*
        Übersetzt von Wolfgang Nikolaus Krewani, 4. Auflage(Freiburg und
        München: Karl Alber)

Liessmann, Konrad Paul

2015   "Schuld und Sühne. Nach dem Ende der Verantwortung", In: Ders.
        (Hrsg.): *Schuld und Sühne. Nach dem Ende der Verantwortung*(Wien:
        Paul Zsolnay), pp.7-21

Macho, Thomas

1988   "Fragment über die Verzeihung", In: *Zeitmitschrift. Journal für
        Ästhetik,* Nr. 4, pp.135-146

Mauss, Marcel

2013   *Die Gabe. Form und Funktion des Austauschs in archaischen
        Gesellschaften,* Übersetzt von Eva Moldenhauer, 10. Auflage(Frankfurt
        am Main: Suhrkamp)

Meier, Christian

2010 *Das Gebot zu vergessen und die Unabweisbarkeit des Erinnerns. Vom öffentlichen Umgang mit schlimmer Vergangenheit*, 3. Auflage(München: Siedler)

Merkel, Reinhard

2014 *Willensfreiheit und rechtliche Schuld. Eine strafrechtliche Untersuchung*, 2. Auflage(Baden-Baden: Nomos)

Nietzsche, Friedrich

1999a *Vom Nutzen und Nachtheil der Historie für das Leben,* In: Kritische Studienausgabe. Herausgegeben von Giorgio Colli und Mazzino Montinari. Band 5(Berlin und München: de Gruyter / dtv.), pp.245-412

1999b *Menschliches, Allzumenschliches,* In: Kritische Studienausgabe. Herausgeben von Giorgio Colli und Mazzino Montinari. Band 2(Berlin und München: de Gruyter / dtv.), pp.9-705

1999c *Zur Genealogie der Moral,* In: Kritische Studienausgabe. Herausgegeben von Giorgio Colli und Mazzino Montinari. Band 5(Berlin und München: de Gruyter / dtv.), pp.245-412

1999d *Ecce Homo,* In: Kritische Studienausgabe. Herausgegeben von Giorgio Colli und Mazzino Montinari. Band 6(Berlin und München: de Gruyter / dtv.), pp.255-374

Pauen, Michael und Harald Welzer

2015   *Autonomie. Eine Verteidigung*(Frankfurt am Main: S. Fischer)

Raveling, Wiard

2014   *Ist Versöhnung möglich? Meine Begegnung mit Vladimir Jankélévitch*(Oldenburg: Isensee)

Ricœur, Paul

1998   *Das Rätsel der Vergangenheit. Erinnern–Vergessen– Verzeihen,* Übersetzt von Andris Breitling und Henrik Richard Lesaar(Göttingen: Wallstein)

2004   *Gedächtnis, Geschichte, Vergessen,* Übersetzt von Hans-Dieter Gondek, Heinz Jatho und Markus Sedlaczek(München: Wilhelm Fink)

Sade, Donatien Alphonse François de

1996   *Justine und Juliette,* Herausgegeben und übersetzt von Stefan Zweifel und Michael Pfister. Band VII(München: Matthes & Seitz)

Sarthou-Lajus, Nathalie

2013   *Lob der Schulden,* Übersetzt von Claudia Hamm(Berlin: Klaus Wagenbach)

Sloterdijk, Peter

2008   *Zorn und Zeit. Politischpsychologischer Versuch*(Frankfurt am Main: Suhrkamp)

Tipping, Colin C.

2007   *Ich vergebe. Der radikale Abschied vom Opferdasein*, 8. Auflage(Bielefeld: Kamphausen)

Weingardt, Beate M.

2003   *"…wie auch wir vergeben unseren Schuldigern", Der Prozeß des Vergebens in Theorie und Empiri*e(Stuttgart: Kohlhammer)

Weinrich, Harald

2005   *Lethe. Kunst und Kritik des Vergessens*(München: C. H. Beck)

조금 불편한 ——— 용서

초판 1쇄 인쇄 2020년 9월 8일
초판 1쇄 발행 2020년 9월 18일

지은이 | 스베냐 플라스푈러
옮긴이 | 장혜경
펴낸이 | 한순 이희섭
펴낸곳 | (주)도서출판 나무생각
편집 | 양미애 백모란
디자인 | 박민선
마케팅 | 이재석
출판등록 | 1999년 8월 19일 제1999-000112호
주소 | 서울특별시 마포구 월드컵로 70-4(서교동) 1F
전화 | 02)334-3339, 3308, 3361
팩스 | 02)334-3318
이메일 | tree3339@hanmail.net
홈페이지 | www.namubook.co.kr
블로그 | blog.naver.com/tree3339

ISBN 979-11-6218-116-4 03180

이 도서의 국립중앙도서관 출판예정도서목록(CIP)은 서지정보유통지원시스템 홈페이지
(http://seoji.nl.go.kr)와 국가자료종합목록 구축시스템(http://kolis-net.nl.go.kr)에서
이용하실 수 있습니다. (CIP제어번호 : CIP2020034674)